ポジティブ志向と幸福感の心理学

橋本京子 著 Kyoko Hashimoto

Psychology of Positive Orientation
and Subjective Well-Being

ナカニシヤ出版

まえがき

　近年は,「ストレス社会」とも呼ばれ,日常生活において悩みやストレスを感じている人々(12歳以上)の割合が48.1％と実に半数近くにのぼっている(厚生労働省,2014)。ストレスを感じるような出来事に遭遇した時やストレスフルな状況で,人はどのように病的な状態に陥るのか,そのような病的な状態をいかに病気や苦痛のない「普通」の状態に戻すかという点が盛んに議論されている。つまり,「マイナス」の状態から,いかにもとの「プラスマイナスゼロ」の状態に戻るかという点に焦点が当てられているように感じられる。しかし,人間とはそれだけにとどまる存在なのだろうか。たとえマイナスの状態からであっても,もっとより良い状態,さらなる幸福の高みを求めて伸び続けることができる存在なのではないだろうか。

　一方で,「ポジティブ・シンキング」「プラス思考」という言葉を耳にすることが増え,ポジティブな心のあり方の重要性に対する関心もまた高まってきているといえる。このような動きは心理学の分野においても見られる。1998年,アメリカ心理学会の会長であったSeligmanは,「ポジティブ心理学」という概念を提唱した。これは,従来の心理学が精神的な障害や人間の弱さに過度に重きを置いてきたことを批判し,心理学は人間の持つ良いものを育み養うために力が注がれるべきであると主張したことにはじまるものである。従来の心理学は,心理的に援助を必要とする人々に対する効果的な援助の方法を示唆してきたが,他方,援助が必要なほどの問題を持たない一般の人々の精神的健康や幸福感をさらに向上させる方法についての検討は未だ不十分であるといえる。

　このように,ポジティブな心のあり方についての関心は徐々に高まってきたといえるが,ポジティブな認知は,単に「ポジティブだから良い」のであろうか。実質的にはどのような効果があるのであろうか。それは幸福感とどのように結びついているのであろうか。

　本書では,このようなポジティブな認知のあり方,つまり「特定の方法で既

知の事実を見ようとすること」(Taylor, 1983) の結果生じた「現実のポジティブな面を強調するような，必ずしも現実に基礎を置いていない」(Brown, 1993) 認知のあり方を「ポジティブ志向」と定義した。そして，ポジティブ心理学の立場から，ポジティブ志向のあり方に影響する要因を示し，さらにポジティブ志向がストレスフルイベントにおける精神的健康の維持や日常生活における幸福感をどのように向上させるのかについて，大学生を対象とした7つの実証的研究に基づいて検討した。この7つの研究を大別すると，ストレスフルイベントにおける精神的健康の維持に果たすポジティブ志向の役割についての検討（第2章〜第5章：研究1〜4）と，楽観性と幸福感の関連を媒介するポジティブ志向の役割についての検討（第6章〜第8章：研究5〜7）の2つに分かれる。

　本書の刊行によって，今後，援助が必要なほどの問題を持たない一般の人々のポジティブ志向や幸福感に影響する要因についてのさらなる研究が積み重ねられることを期待する。本書が，幸福感と心の問題に関心のある人にはもちろん，そうでないあらゆる人々のポジティブ志向や幸福感をさらに高める一助となれば，筆者として誠に幸いである。

目　次

まえがき　*i*

第1章　本書の目的と理論的背景……………………………1
第1節　はじめに──ポジティブ心理学──　2
第2節　ポジティブな認知的態度と精神的健康　3
第3節　ストレスフルイベントにおけるポジティブ志向　9
第4節　幸福感とポジティブ志向　17
第5節　本書の目的と構成　18

第2章　内容および深刻性の異なるストレスフルイベントにおけるポジティブ志向の現れ方の違い（研究1）…………23
第1節　問　題　24
第2節　方　法　26
第3節　結　果　29
第4節　考　察　36
第5節　本章のまとめ　39

第3章　大学進学動機，ポジティブな自己信念，大学生活で遭遇するストレスフルな状況におけるポジティブ志向の関連（研究2）………………………………………………41
第1節　問　題　42
第2節　方　法　45
第3節　結　果　47
第4節　考　察　54

第5節　本章のまとめ　55

第4章　大学生の卒業論文作成時におけるポジティブ志向の現れ方と精神的健康の関連（1）――提出期限1ヶ月前における検討――（研究3） ……………………………… 59
　　第1節　問　　題　60
　　第2節　方　　法　64
　　第3節　結　　果　66
　　第4節　考　　察　71
　　第5節　本章のまとめ　73

第5章　大学生の卒業論文作成時におけるポジティブ志向の現れ方と精神的健康の関連（2）――提出期限半年前と1ヶ月前の比較――（研究4） ……………………………… 75
　　第1節　問　　題　76
　　第2節　方　　法　77
　　第3節　結　　果　80
　　第4節　考　　察　89
　　第5節　本章のまとめ　91

第6章　楽観性，ポジティブ志向および幸福感の関連（1）（研究5） ……………………………………………………… 93
　　第1節　問　　題　94
　　第2節　方　　法　101
　　第3節　結　　果　102
　　第4節　考　　察　108
　　第5節　本章のまとめ　110

第7章　楽観性，ポジティブ志向および幸福感の関連（2）
　　　　──ポジティブ志向の方向性の明細化──（研究6）
　　　　　　　　　　　　　　　　　　　　　　　　………… 113

　　第1節　問　　題　　114
　　第2節　方　　法　　116
　　第3節　結　　果　　118
　　第4節　考　　察　　124
　　第5節　本章のまとめ　　126

第8章　楽観性，ポジティブ志向，幸福感の関連における抑うつの調整効果（研究7）……………………………… 129

　　第1節　問　　題　　130
　　第2節　方　　法　　131
　　第3節　結　　果　　133
　　第4節　考　　察　　142
　　第5節　研究5，研究6，研究7のまとめ　　145

第9章　総合的考察 ……………………………………… 149

　　第1節　研究結果のまとめ　　150
　　第2節　ポジティブ志向に影響を及ぼす要因とポジティブ志向の役割　　153
　　第3節　本書の意義　　158
　　第4節　今後の展望　　160
　　第5節　おわりに　　163

引用文献　165／付　録　173／初出一覧　179／あとがき　181／
索　引　185

第 1 章

本書の目的と理論的背景

第1節　はじめに
　　　──ポジティブ心理学──

　近年，日常生活でも「ポジティブ・シンキング」「プラス思考」などという言葉を耳にすることが増え，自己や状況をポジティブに認知することや，物事の良い面に焦点を当てて捉えることの重要性が徐々に注目されるようになってきた。それでは，自己や周囲の状況をポジティブに認知することにはどのような要因が関わっているのだろうか。また，どのような効果があるのだろうか。このことを考えるうえで，近年盛んになってきたポジティブ心理学のアプローチが参考になると思われる。

　ポジティブ心理学とは，「人間のもつ長所や強みを明らかにし，ポジティブな機能を促進していくための科学的・応用的アプローチ」（堀毛，2010；Snyder & Lopez, 2007），「精神病理や障害に焦点を絞るのではなく，楽観主義やポジティブな人間の機能を強調する心理学の取り組み」（Gallagher Tuleya, 2007；島井，2006）と定義される。これは，1998年に，アメリカ心理学会の会長であったSeligmanが，従来の心理学が精神的な障害や人間の弱さに過度に重きを置いてきたことを批判し，心理学は人間の持つ良いものを育み養うために力が注がれるべきだと主張したことにはじまるものである（Seligman, 1998）。ポジティブ心理学は，心理学における単一の研究テーマや研究領域を示すというより，むしろポジティブ心理学運動と呼ぶのがふさわしいような，心理学全体に関わる学問的な運動であると考えられている（島井，2006）。

　従来の心理学が精神的な弱さや障害を中心に研究してきたのに対し，ポジティブ心理学は，これまで見過ごされがちであった人間の精神機能のポジティブな側面に注目し，それを生かすことを目指している。そのことによって，ポジティブ心理学は，援助が必要な人々に対する新しい援助の方法を提供するとともに，援助が必要なほどの問題を持たない「一般の」人々の精神的健康や幸福感をさらに向上させ，あらゆる人々の人生をより充実したものにすることが期待されている。しかし，それは決して精神的な弱さや障害を無視しようとするものではない。堀毛（2010）によれば，ポジティブ心理学は，人間の精神機

能のポジティブな側面とネガティブな側面をバランスよく研究することが重要とする立場であり，臨床心理学とタイアップしつつ，健常な人々の幸福感の促進や強み（長所）の強化を目指そうという動向と捉えることができる。

　ポジティブ心理学の立場に立てば，認知と精神的健康の関係を考えるにあたって，どのような認知が精神病理と関わるのかについてだけでなく，どのような認知が精神的健康の維持や高揚に関わるのかについて検討することもまた重要であるといえる。とりわけ，日常生活において悩みやストレスを感じている人々（12歳以上の者）の割合が48.1％と実に半数近くにのぼり（厚生労働省，2014），ストレス社会ともいわれる今日，ストレスフルな状況において認知のあり方が精神的健康を維持するうえでどのような役割を果たすかについて検討することは重要な課題であると考えられる。また，生きていくうえでは，病気や苦痛のない状態が維持できれば十分であるとはいえず，さらに幸福感を向上させることを目指すこともまた重要だと考えられる。ゆえに，どのような認知が，単に病気や苦痛のない状態を維持するのみにとどまらず，さらに高い幸福感を得ることに貢献するのかについて検討することもまた重要な課題であるといえるだろう。

　本書は，「ポジティブ志向」という概念を中心に，ポジティブ心理学の立場から，ポジティブな認知のあり方に影響を与える要因は何であるのか，およびそれがストレスフルイベントにおける精神的健康や日常生活における幸福感をどのように向上させるのかについて検討するものである。

第2節　ポジティブな認知的態度と精神的健康

1.2.1　ポジティブ幻想
ポジティブ幻想とは

　自己や環境に対する認知と精神的健康との関連については，これまでに様々な議論が重ねられてきた。伝統的な精神的健康観においては，自己や現実世界に対して，ポジティブな面もネガティブな面も含めて，「正確に」かつ「客観的に」認知することが，精神的健康を維持するために必要不可欠な要素であると考えられてきた（e.g., Jahoda, 1958）。

この考え方に対し，1980年代半ば頃から，疑問を唱える立場が生じてきた。主に社会的認知の領域において，人間の推論，意思決定，判断などのプロセスは，事前の期待や自己奉仕的な（self-serving）解釈によって歪められやすいことが明らかになってきたのである。このことが精神的健康の理解においても重要ではないかと考えたのが，Taylor & Brown（1988，1994）である。Taylor & Brown（1988）は，非抑うつ者という意味での「一般の人」が有している自己・環境・未来に対する認知は，自分に都合の良いようにポジティブな方向に傾いたエラーやバイアスのような歪んだ認知によって特徴づけられると指摘し，このようなエラーを含むバイアスのかかった認知を総称して，ポジティブ幻想（positive illusions）と名づけた。これが「幻想（illusion）」と名づけられているのは，単なる一時的なエラーやバイアスというよりも，むしろ普遍的，持続的，体系的に生じるものとされるからである。

Taylor & Brown（1988，1994）は，自尊感情の低い人々や抑うつ傾向の高い人々は，現実的でバランスの取れた認知をしているという実証研究を提示し（e.g., Alloy & Abramson（1979）の「抑うつの現実主義」に関する研究），ポジティブ幻想がごく普通の人の間に広く行きわたった一般的な傾向であることを主張している。

また，ポジティブ幻想は自己のことのみに関わっていることが指摘されている。さらに，ポジティブ幻想は，望ましい結果をただ漠然と期待するのみにとどまらず，たとえこれから起こることが不確定である場合においても，自分の能力によって望ましい結果を生み出そうという信念であるということが指摘されている（Taylor, 1989）。

3種類のポジティブ幻想

Taylor & Brown（1988，1994）は，社会的認知に関する先行研究を整理したうえで，ポジティブ幻想は次の3種類に分けられるとしている。

第1は，非現実的にポジティブに自己を認知することである。例えば，ほとんどの人はポジティブな特性の方がネガティブな特性よりも自分を特徴づけていると判断する（Alicke, 1985）。また，ほとんどの人は自分を平均的な人より優れているとみなしている（e.g., Brown, 1986）。さらに，ほとんどの人は，

自分自身を他の人から見られているよりも良いように見ている（Lewinson, Mischel, Chaplin, & Barton, 1980）。ほとんどの人が平均的な人より優れているということや，ほとんどの人が他の人よりも優れているということは論理的に成立し得ない。ゆえに，これは「幻想」であるということになると指摘されている。

第2は，自分が環境をコントロールする能力を過大に評価することである。これは，自分が環境に対して，実際に持っているよりも大きなコントロールを行使することができると考えていることを指す。例えば，人はしばしば，実際は偶然によって成否が決定されるような状況の中でさえも，まるで自分が成否をコントロールできるかのようにふるまうといった実証研究が報告されている（Langer, 1975）。

第3は，非現実的な楽観主義である。これは，特に自分の未来に関して，未来は明るいと考えることである。例えば，人は自分の未来にポジティブな出来事が起きる可能性を他の人の未来よりも高く見積もり，ネガティブな出来事が起こる可能性を低く見積もっている（Weinstein, 1980）。また，人は，将来何が起こるかについて，客観的にありそうなことよりも，自分に起こってほしいと考えていることを予測している（e.g., Cantril, 1938）。

1.2.2　ポジティブ幻想の概念をめぐる問題点と「ポジティブ志向」の提案

1.2.1にてポジティブ幻想の概念を紹介したが，このポジティブ幻想という概念には，少なくとも3つの問題点があると考えられる。まず，「ポジティブな方向にバイアスのかかった認知」といっても，はっきりした外的基準がない場合には，対象者の認知が真に「バイアスがかかっている」といえるかどうかを判断することは困難であろう（Taylor & Brown, 1988, 1994）。特に，絶対的な基準を持たないような刺激や出来事についての解釈，または主観的知覚を扱う際には，認知が真に「バイアスがかかっている」といえるかどうかを決定づけることはきわめて困難となることが考えられる。

また，そもそもポジティブ幻想とは，信念が既知の事実と反しているということを必ずしも意味していないことが指摘されている（Taylor, 1983）。つまり，なされた認知が現実と反しているということは，あくまで結果として論じられ

ることでしかない。むしろポジティブ幻想の理論の中で強調されているのは、ポジティブに自己や環境、未来を捉えようとする認知のあり方、および自分自身の力で望ましい結果を生み出そうという信念である。Taylor, Collins, Skokan, & Aspinwall (1989) においても、ポジティブ幻想とは、現実をできるだけ良い観点から解釈することであり、現実の誤解や現実からの逸脱ではないと主張されている。しかし、「幻想」という語を用いた場合、現実からのズレの有無およびズレの程度のみが強調されがちであるといった問題点がある。

さらに、後述するが、Taylorらは人生において大きな脅威となるストレス状況に直面した人々に対する研究をもとに、ポジティブ幻想の理論を発展させている（e.g., Taylor, 1983; Taylor, Lichtman, & Wood, 1984; Taylor, Kemeny, Aspinwall, Schneider, Rodriguez, & Herbert, 1992）。しかし、重篤なストレス状況にあるわけではない一般の人々の適応について考える場合、「幻想」という言葉は表現として強すぎるのではないかと考えられる。

そこで本書では、現実をポジティブな方向に歪めた認知（ポジティブ幻想）だけでなく、現実に沿った認知をも含めて、「特定の方法で既知の事実を見ようとすること」（Taylor, 1983）の結果生じた「現実のポジティブな面を強調するような、必ずしも現実に基礎を置いていない」（Brown, 1993）認知のあり方を「ポジティブ志向」（positive orientation）と定義する。すなわち、本書で扱うポジティブ志向とは、「現実をポジティブな方向に歪めた認知（ポジティブ幻想）」「現実に沿っているのか、ポジティブに歪めているのか曖昧な認知」および「現実に沿ったポジティブな認知」の3つを含む幅広い概念と位置づける。この「ポジティブ志向」の概念により、現実をポジティブな方向に歪めた認知（ポジティブ幻想）のみに限定することなく、ポジティブに自己や環境、未来を捉えようとする認知のあり方を幅広く捉えることが可能であると考えられる。

1.2.3 ポジティブな認知的態度と精神的健康との関連
——ポジティブ幻想と精神的健康に関する先行研究——

本書では、ポジティブ志向と精神的健康との関連を検討することを主な目的とするが、ポジティブ志向については本書で新たに提案した概念であるため、

ポジティブ志向と精神的健康についての関連は未だ十分明らかでない。そのため，本項では，ポジティブ志向の前身の概念であるポジティブ幻想と精神的健康の関連について検討した先行研究を概観する。

ポジティブ幻想の理論の重要な点，かつ，心理学界に大きなインパクトを与え，後に議論の中心となった点は，自己や環境に対する正確な認知よりも，自分に都合の良いようにポジティブに歪んだ認知が精神的健康と結びついている可能性を指摘したことであるといえよう。ただし，Taylor & Brown（1988，1994）は，全ての自己高揚的な認知が適応的であるというわけではないこと，およびポジティブ幻想は精神的健康の必要条件であるというわけではないことを指摘していることに注意する必要がある。

Taylor & Brown（1988，1994）は，ポジティブ幻想と精神的健康との関連を明らかにするために，精神的健康に関する先行研究（e.g., Jahoda, 1958; Jourard & Landsman, 1980）から精神的健康を表す4つの具体的な基準を選出し，3種類のポジティブ幻想がそれらの基準と関連していることを示した。これらの基準を選出する際には，ポジティブ幻想の性質を鑑みて，「自己および外界を正確に認知すること」という基準は除外されている。Taylorらが挙げた4つの精神的健康の基準とは，（1）幸福で，満足していられる能力，（2）他者に配慮し，他者と良い関係を築く能力，（3）創造的，生産的な仕事をする能力，（4）ストレスフルイベントに直面して，成長・発展・自己実現を成し遂げる能力である（Taylor & Brown, 1988, 1994; Taylor, 1989）。そして3種類のポジティブ幻想のそれぞれが，この4つの基準と関連しているという複数の実証的研究を引用し，これをもって，ポジティブ幻想が精神的健康と結びついていると主張している。ここで引用されている実証的研究とは，自己評価が高く，未来に対する楽観的な展望を持つ人は，孤独感によりよく対処することができるという知見（Cutrona, 1982）や，ポジティブな自己概念は，より困難で長期の課題に取り組むことと関連があるという知見（Felson, 1984）などである。

本書で検討するポジティブ志向は，ポジティブ幻想の概念を含むため，ポジティブ幻想と同様に上記の4つの精神的健康の基準と関連するものと仮定する。そのうえで，本書は，ポジティブ志向と精神的健康の関係を検討するにあ

たって，この4つの精神的健康の基準のうち，特に（1）幸福で，満足していられる能力と，（4）ストレスフルイベントに直面して，成長・発展・自己実現を成し遂げる能力に関連する領域に焦点を当て，検討する。この2つの基準に特に焦点を当てる理由は以下である。

まず，主観的に幸福を感じているということは，充実した人生を送るうえで必要不可欠なものである。また，ポジティブ心理学においては，単に病気や障害がない状態を目指すだけにとどまらず，積極的に人々の幸福感を高め，あらゆる人々の人生をより充実したものにするような方策を講じることが求められている。ゆえに，どのような要因がどのように幸福感の向上に関わっているかを解明することは，ポジティブ心理学の重要な目的の1つであるといえる。よって，幸福感とポジティブ志向の関連を検討することが重要であると考えられる。

また，精神的健康について検討する際には，通常の状況にある時のみならず，精神的健康を脅かすような状況，つまりストレスフルイベントに直面した際に，どのように精神的健康が維持されるかを検討することも必要であろう。また，ポジティブ幻想は，ストレスフルな状況において特に現れやすくまた重要となることが指摘されている（Taylor & Brown, 1988; Taylor & Armor, 1996）。よって，ストレスフルイベントにおけるポジティブ志向について検討することは意義のあることだと考えられる。

次節，次々節において，ストレスフルイベントおよび幸福感と，ポジティブ幻想をはじめとするポジティブな認知的態度との関連についての研究を概観する。

1.2.4 ポジティブ志向の現れ方に影響を及ぼす要因

それでは，ポジティブ志向の現れ方にはどのような要因が影響しているのであろうか。Taylor & Brown（1988, 1994）は，ポジティブ幻想を一般の人々において広く生起するものであると位置づけているため，ポジティブ幻想の生起に影響する要因については詳しく検討していない。しかし，Taylor & Brown（1988, 1994）が抑うつの現実主義（e.g., Alloy & Abramson, 1979）に関する研究を引用し，現実的な認知を行っている者も存在するという主張をしていることから，ポジティブ幻想はいついかなる時でも一様に現れるもので

はなく，その現れ方に何らかの影響を及ぼす要因が存在すると考えられる。本書で検討するポジティブ志向はポジティブ幻想の概念を含むため，ポジティブ志向の現れ方にもまた何らかの影響を及ぼす要因が存在すると考えることが自然であろう。ポジティブ志向を認知のあり方の一形態であると定義すると，ポジティブ志向の現れ方に影響すると考えられる要因として，状況の性質，動機づけ，およびパーソナリティの3点が考えられる。

　状況の性質については，Taylor & Armor（1996）は，ポジティブ幻想の程度はほぼ状況要因によって決定されると主張している。その状況要因については，1.2.3で述べたように，Taylor & Brown（1988）が，現実からのフィードバックがネガティブである状況において，特にポジティブ幻想が現れやすいということを主張している。このことから，状況の性質がポジティブ志向の現れ方に影響することが考えられるが，それ以上の検討はなされていない。

　動機づけとは，行動の理由を考える時に用いられる大概念であり，行動を一定の方向に向けて生起させ，持続させる過程や機能の全般を指し，知覚，学習，思考，発達をはじめとする行動の諸過程を理解しようとする時には欠くことのできない概念であるともいえる（赤井，1999）。よって，認知のあり方であるポジティブ志向についても，何らかの動機づけが関わっている可能性がある。

　パーソナリティとは，人の，広い意味での行動，つまり具体的なふるまい，言語表出，思考活動，認知や判断，感情表出などに時間的・空間的一貫性を与えているものである（神村，1999）。「広い意味での行動」に認知も含めるならば，楽観性や自尊心などのポジティブなパーソナリティ特性がポジティブ志向の現れ方に関連していることが考えられる。

第3節　ストレスフルイベントにおけるポジティブ志向

　ところで，人間は生きていく中で様々な出来事を経験する。その中には，ポジティブな出来事もあれば，ネガティブな出来事もある。ネガティブな出来事に直面した時に，人は落ち込み，抑うつや不安，イライラを強く感じ，ストレスを感じることが多くある。

　しかし，ネガティブな出来事に遭っても，自己や周囲の環境，未来をポジティ

ブに捉えることは，ネガティブな出来事を克服し，さらなる成長を遂げるために重要な役割を果たすのではないだろうか。

本節では，ストレスフルイベントにおけるポジティブ志向の現れ方とその役割を検討するにあたって，ストレスおよびストレスフルイベントについての先行研究を概観する。

1.3.1 ストレスに関する先行研究
ストレスとは

ストレスとは，心身の適応能力に課せられる要求（demand），およびその要求によって引き起こされる心身の緊張状態を包括的に表す概念である（岡安，1999）。すなわち，ストレスという用語は，（1）心身の安全を脅かす環境や刺激，（2）環境や刺激に対応する心身の諸機能・諸器官の働き，（3）対応した結果としての心身の状態の3側面から構成される。（1）はストレッサー，（2）はストレス対処あるいはストレス状態，（3）はストレス反応と呼ばれている（小杉，2002）。

これまで医学的心理学的ストレス研究が数多く行われてきた。以下，その代表的な2つのアプローチを概観する。

生活出来事型ストレス研究

1960年代後半頃より，生活環境の変化や生活上の出来事と心身の疾患発症との関連性について検討した生活出来事型ストレス研究を契機として，ストレスに関わる心理社会的要因を明らかにしようとする研究が盛んに行われるようになった。生活出来事型ストレス研究は，ストレスを生活上の変化であると捉え，日常生活上の変化に再適応するために必要な努力が心身の健康状態に影響すると捉える立場に立つ。そして，「毎日の生活の中で経験する出来事のうち，それが生じると個人に新しい適応行動や対処行動を必要とさせるような出来事であり，それまでの生活様式に重大な変化をもたらすような出来事」が「ストレスフル・ライフイベント」（stressful life event）と呼ばれた。

Holmes & Rahe（1967）は，この考え方に基づき，社会的再適応評価尺度（The Social Readjustment Rating Scale；SRRS）を作成した。これは，生活上何ら

かの変化をもたらす出来事が記述された43項目から構成されており，それぞれのライフイベントを体験した際の適応に要する努力量に応じて重みづけ得点が与えられている。この尺度によると，疾病に対して最も影響力が大きい出来事は「配偶者の死」であり，最も影響力の小さい出来事は「わずかな違法行為」である。この前提にある発想は，生活上の変化に再適応するための努力によって疲弊した結果，人間は心身の疾患を発症するというものである。過去1年間の重みづけ得点の合計が一定の基準を超えると心身疾患に罹患する可能性が高まることが報告されている。

このアプローチの問題点は2点挙げられる。1点目は，出来事の内容が個人にとってどのような意味を持っているのかが考慮されていない点である。つまり，同じような出来事を経験したとしても，その重みはいつでも誰にとっても同じであるとは限らない。それにもかかわらず，生活出来事型ストレス研究においては，この点は考慮されていない。

2点目は，出来事の生起に伴う変化に対して，どのような対応策をとったかという個人差が無視される点である。例えば，同じような出来事を経験したとしても，ストレスに打ちひしがれて何もできない人と，逆にストレスに打ち勝とうと様々な努力をする人がいるだろう。どのような対応策をとったかによって健康に対して及ぼされる影響も異なることが考えられるが，生活出来事型ストレス研究においては，この点が考慮されていない。

Lazarus & Folkman（1984）の心理学的ストレスモデルにおける認知の重要性

日常生活上の変化をストレスであると捉えた生活出来事型ストレス研究に対し，Lazarus & Folkman（1984）は，個人と環境との相互関係の視点からストレスを捉えようとし，ストレスが環境と個人との相互関係によって引き起こされるとする心理学的ストレスモデルを提唱した。この心理学的ストレスモデルにおいては，ストレスフルイベントにおける認知の重要性が強調されており，ストレスフルイベントによる健康への影響力が，両者の間に介在する認知的評価とコーピングによって左右されると考えられている。Lazarus & Folkman（1984）は，「ある個人の資源に重荷を負わせる，ないし資源を超えると評定された要求」を「心理的ストレス」とした。

Lazarus & Folkman（1984）の心理学的ストレスモデルの概要は以下の通りである。心理的ストレスとなり得る外界からの刺激（潜在的ストレッサー）に直面すると，その刺激に対して認知的評価が行われる。認知的評価は，一次的評価と二次的評価の2種類に分けられる。一次的評価では，状況が「無関係」「無害・肯定的」「ストレスフル」のいずれであるか，「ストレスフル」な場合は，それが「有害」「脅威」「挑戦」のいずれであるかという評価が行われる。「無関係」「無害・肯定的」と評価された場合は，ストレス反応は生じない。二次的評価では，一次的評価で状況が「ストレスフル」，すなわち「有害」「脅威」「挑戦」と評価された場合に，その状況に対処するために何ができるか，また対処するためにどのような資源を持っているかについての評価が行われる。ただし，「一次的」「二次的」という語句は時間的な前後関係や重要度の違いを意味しているのではなく，両者は相互に影響を及ぼし合っている。認知的評価に基づいて，コーピング，つまり，ストレス反応を低減することを目的として行われる認知的または行動的努力が実行される。コーピングが成功し，刺激や情動が適切に処理されれば，健康上の問題は生起しないが，コーピングが失敗した場合には，ストレス状態は慢性的に持続し，心身の健康上の問題が生起する。

つまり，このモデルでは，客観的に見た出来事の強弱よりも，個人が出来事を主観的にどのように評価するかによってストレス反応が決定されると考えるのである。また，このモデルは，自己や状況に対してポジティブな認知を行うことが，ストレス反応を緩和し，健康を維持するうえで重要な意味を持つことを示唆していると考えられる。

1.3.2 本書におけるストレスフルイベントの定義と位置づけ

1.3.1で述べたように，同じような出来事を経験したとしても，それが実際にストレス反応を引き起こすものになるかどうかは個人により異なるといえる。しかし，多少の個人差はあるとしても，多数の人にとって，多かれ少なかれ心理的負荷を感じる出来事，つまり心理的ストレスとなり得る出来事というものは存在するであろう。

このような問題意識のもとに，本書では「個人に新しい適応行動や対処行動を必要とさせるような出来事であり，それまでの生活様式に重大な変化をもた

らすような出来事」(坂野, 1999) を「ストレスフルイベント」として定義する。それらは，予測が困難である，不確実である，コントロールが難しいなどの特徴を持ち (Lazarus & Folkman, 1984)，抑うつや，動機づけの低下を生み出すと考えられる状況である。本書では，イベントを経験したことそのものがストレス反応を規定するという立場には立たず，出来事が個人にとって持つ意味，および出来事への対応の個人差を考慮する。

1.3.3 ストレスフルイベントにおけるポジティブ志向
――ストレスフルイベントにおけるポジティブ幻想に関する先行研究――

ストレスフルイベントにおいてポジティブ幻想が維持されるプロセス

ストレスフルイベントにおける精神的健康とポジティブ志向との関連を検討するにあたり，本項ではストレスフルイベントにおけるポジティブ幻想に関する先行研究を概観する。前節でも述べた通り，Taylor & Brown (1988) は，特にストレスフルイベントに直面した際のポジティブ幻想の存在とその役割を重視している。Taylor & Armor (1996) は，ストレスフルイベントの中でポジティブ幻想が維持されるプロセスを以下のように解説している。

平常の脅威のない状態でも，普通の人は適度なポジティブ幻想を有している。ストレスフルイベントが発生すると，ストレスフルイベントはポジティブ幻想を攻撃し，脅かすものとなる。そこで，ポジティブ幻想を維持・回復・高揚するための認知的努力が行われる結果，ポジティブ幻想が特に明白に現れる。このような認知的努力が行われる理由として，ネガティブなストレスフルイベントは，ポジティブなイベントよりも情緒的・生理的・認知的活動を増大させること (Taylor, Kemeny, Reed, & Aspinwall, 1991)，また，自己が脅威にある時に特に自己高揚動機が活性化されることが挙げられる。

具体的には，ストレスフルイベントができるだけ脅威としてではなく，コントロール可能であるものとして受け入れられるように，また，既存の自己観や世界観に対するネガティブな影響ができるだけ少なくなるように，認知が選択的に歪む。その際，ネガティブな情報の持つ有用性とレベルに応じて，様々な異なった方略が取られる。例えば，ポジティブな自己認知を維持するために，

自分より劣った他者を選択して，あるいは自分のより秀でた次元を強調する形での社会的比較が行われる。また，ダメージを受けた側面の自己の重要性を下げ，ダメージを受けていない自己の重要性を強調するといった，補償的自己高揚も行われる。

　このようなプロセスを経て維持されたポジティブ幻想および幻想を高揚しようとする努力は，効果的な対処方略や心理的適応に関連する。効果的な対処方略には大きく2種類がある。1つはストレスフルな状況を直接変えるよう働きかけることに目標づけられる積極的な対処（例：健康を増進するための行動），もう1つはストレスフルイベントの意味を，幸福に対するダメージが最小化されるような方法で変えることに目標づけられる対処である。心理的適応としては，感情的な苦痛をコントロールし軽減する助けとなる。

　このようなプロセスを経て，ポジティブ幻想はストレスフルイベントの否定的な影響を緩和し，精神的健康の維持に役立つことが明らかになっている。

ストレスフルイベントにおけるポジティブ幻想の実証的研究

　Taylorとその共同研究者たちは，がん患者やエイズウイルス感染者といった重篤なストレスフルイベントに直面した者を対象に，ポジティブ幻想と精神的健康および身体的健康との関連を検討している。一連の研究を通じて，重篤なストレスフルイベントに直面した者がポジティブ幻想を有していること，およびポジティブ幻想が精神的健康や身体的健康に正の影響を及ぼすことが実証されている。ここではその代表的な研究を2つ紹介する。

　Taylor（1983）は，乳がん患者を対象にした研究で，患者にポジティブ幻想が現れることを見出した。具体的には，患者の多くが，実際的な証拠がないにもかかわらず，自分または医者ががんの進行や再発をコントロールできると考えていた。また，自尊心を高揚するために，社会的比較を行っていた。すなわち，自分より状態の悪い患者を比較対象として選択し，そのような患者がいない場合は存在すると仮定して，自分より状態の悪い患者との下方比較を行っていたのである。さらに，自分にとって有利な面を選択的に強調していた。例えば，治療が乳房全体の除去でなく部分的な腫瘍の除去で済んだということ，また自分が既に結婚しているので乳がんが結婚の障害にならないことなど，自分

にとって有利な面を強調していたのである。そして，医者の評定，心理学者の評定，適応に関する標準化された測度を実施した結果，これらは精神的健康と関連があることが明らかになった。これらの結果を踏まえて，Taylorは，「脅威下で適応できる人は，幻想を許容し，幻想を育み，幻想によって回復する人である」(Taylor, 1983) と述べている。

また，Taylor et al. (1992) は，エイズウイルス感染者を対象に，エイズ特定的楽観性（AIDS-specific optimism）および素質的楽観性と適応との関連を検討している。その結果，HIV陽性の患者はHIV陰性の患者よりも，自分はエイズを発症しないだろうと楽観的に考えていることが示された。実際にはHIV陽性患者の方がエイズを発症する確率が高いにもかかわらず，HIV陽性の患者はHIV陰性の患者と比較して楽観性が高かったという結果から，これは幻想の性質を持つものであると結論づけられている。また，エイズ特定的楽観性の高い患者は，対処方略として，ポジティブな態度を用いること，回避的対処方略を用いないこと，健康を促進するような行動をより多く実践することが明らかになった。

近年では，ポジティブ幻想が身体的健康（エイズウイルス感染後の生存年数，ヘルパーT細胞の増加など）に良い影響を及ぼすという結果も報告されている (Taylor, Kemeny, Reed, Bower, & Gruenewald, 2000)。

1.3.4　ストレスフルイベントの性質とポジティブ志向との関連

これらのストレスフルイベントにおけるポジティブ幻想に関する研究は，ストレスフルイベントにおけるポジティブ志向の役割を検討するにあたり重要な示唆を与えるものと考えられる。しかし，前述の先行研究においては，ごく限られた範囲のストレスフルイベントしか扱われていない。具体的には，ストレスフルイベントの深刻性（脅威の程度）の問題，および，ストレスフルイベントの内容（領域）の問題の2点において，限定された範囲のものである。そこで，ストレスフルイベントの深刻性と内容を検討したうえで，どのような性質のストレスフルイベントにおいてもポジティブ志向は現れるのか，また，ポジティブ志向は有用であるのかという問題を検討する必要があると考えられる。

ストレスフルイベントの深刻性との関連については，Taylorらによる研究

は，人生において大きな脅威となるストレスフルイベントを経験した者を対象にした研究がほとんどである（Taylor, 1983; Taylor et al., 1992）。他方，ポジティブ幻想と精神的健康との関連に疑問を唱える研究もあるが（e.g., Boyd-Wilson, Walkey, McClure, & Green, 2000; Robins & Beer, 2001；安田・佐藤, 2000），それらの研究において検討されているストレスフルイベントは，日常場面における身近なストレスフルイベントであり，人生において大きな脅威というレベルのものではない。両者の間にはストレスフルイベントの深刻性という点で大きな違いがある。この点に関して，Taylor et al. (1991) は，日々の生活の中での軽微なネガティブイベントを扱うために用いられる認知的方略と，人生において非常に深刻な脅威となるネガティブイベントを扱うために用いられる認知的方略との間には一貫性があると主張している。この主張に従えば，ストレスフルイベントにおいては，その深刻性にかかわらず，ポジティブ幻想を維持，回復，高揚するための認知的努力が行われるため，等しくポジティブ幻想が現れ，精神的健康に有用であるということになるだろう。しかし，深刻性の低いストレスフルイベントにおけるポジティブ幻想についてはこれまであまり検討されていない。

　ストレスフルイベントの領域との関連については，Taylorらの行った先行研究は，がん，エイズウイルス感染といった病気に関するものである。Robins & Beer（2001）は，ポジティブ幻想は学業や職業に関するストレスフルイベントにおいては有用でないが，健康を扱った文脈においては有用である可能性があると指摘している。しかし，学業，職業，病気以外の領域のストレスフルイベントを取り上げた研究は少なく，さらに検討すべき課題であるといえるだろう。

　さらに，以上の研究はポジティブ幻想に関するものであるため，本書で新たに定義した，現実に沿った認知をも含めた「ポジティブ志向」についてはいかなる結果が得られるのかについての検討が必要である。つまり，ポジティブ志向がストレスフルイベントにおける精神的健康の維持において果たす役割を検討するにあたっては，ストレスフルイベントに直面した際にポジティブ志向を維持・高揚するための方略が，深刻性や内容の異なるストレスフルイベントの間で一貫しているのかどうか，および，深刻性や内容の異なるストレスフルイ

ベントにおいて等しくポジティブ志向が現れるのか否かを検討し，それを踏まえたうえで，ポジティブ志向が精神的健康に影響するのかどうかを検討することが必要であると考えられる。

第 4 節　幸福感とポジティブ志向

　本書のもう 1 つの目的は，幸福で満足していられる能力とポジティブ志向との関連を検討することである。そこで，本節では幸福感とポジティブ志向に関する先行研究について述べる。より詳細な内容は第 6 章に記す。

1.4.1　幸福感とは

　心理学において，幸福感（happiness, well-being）の研究は1980年代前後から行われてきた（e.g., Argyle, 1987; Diener, 1984; Freedman, 1978）。幸福感を検討する際には，国民総生産（GNP）などのような客観的な指標からだけでなく，個人の心理的側面や主観的判断からも検討することが重要であると考えられている。このような幸福感の主観的側面は，主観的幸福感（subjective well-being; SWB）と呼ばれている。これは，自己・家族・仕事など特定の領域に対する満足や人生全般に対する満足を含む広範な概念であり（Diener, Suh, Lucas, & Smith, 1999），時間的安定性と状況に対する一貫性を持つと考えられている。

　主観的幸福感の構成要素としては，感情的側面と認知的側面の 2 つの側面が挙げられており，感情的側面としては，ポジティブ感情を有していることおよびネガティブ感情がないことの両面が，認知的側面としては人生満足感（life satisfaction）が挙げられる（Diener et al., 1999）。感情的側面を測定する尺度の代表的なものに，ポジティブ・ネガティブ感情スケジュール（Positive and Negative Affect Schedule, PANAS; Watson, Clark, & Tellegen, 1988），人生満足感を測定する尺度の代表的なものに，人生満足感尺度（The Satisfaction With Life Scale, SWLS; Diener, Emmons, Larsen, & Griffin, 1985）があり，どちらも広く用いられている。

1.4.2 幸福感とポジティブ志向の関連
―――幸福感とポジティブ幻想に関する先行研究―――

1.2.3で述べたように，Taylor & Brown (1988) は，ポジティブ幻想と幸福感との関連を示唆している。Freedman (1978) は，高い自尊心や自己信頼感，つまりポジティブな自己認知を持つ人，コントロールの感覚を持つ人，および将来は幸福であると楽観的に捉える人は，そうでない人よりも，現在は幸福であると報告する傾向があることを報告している。また，幸福な人は自分自身に高い評価をし (e.g., Beck, 1967; Kuiper & Derry, 1982)，自分のコントロール能力を高く見積もり (e.g., Abramson & Alloy, 1981)，非現実的なまでに楽観的な傾向がある (e.g., Alloy & Ahrens, 1987) と指摘されている。これらの研究は相関研究が多いが，実験的な検討により，自己奉仕的な帰属のバイアスや自分は他者よりも優れているとみなす自己高揚的傾向，つまり自己に対する非現実なまでにポジティブな認知が，ポジティブな気分を向上させるという結果も得られている (Gibbons, 1986; MacFarland & Ross, 1982)。これらの結果から，ポジティブな気分はポジティブ幻想を決定づける要因の1つであり，ポジティブ幻想もまた幸福感やポジティブな気分を増進するといえる。

ただし，これらの研究もポジティブ幻想に関するものであるため，本書で新たに定義した，現実に沿った認知をも含めた「ポジティブ志向」に関する検討が必要である。また，上記の研究においては，主に感情的側面から幸福感が捉えられているため，認知的側面も含めた幸福感とポジティブ志向との関連を検討することが必要であろう。

第5節　本書の目的と構成

1.5.1　本書の目的

以上のことから，ポジティブな方向に歪んだ認知である「ポジティブ幻想」が精神的健康の維持や高揚に効果的であり，重篤なストレスフルイベントに直面した人々においてその効果が特に顕著であることは，先行研究 (e.g., Taylor & Brown, 1988) において実証されているといえる。また，ポジティブ幻想と関連する精神的健康の基準とは，具体的には，(1) 幸福で，満足していられ

る能力，(2) 他者に配慮し，他者と良い関係を築く能力，(3) 創造的，生産的な仕事をする能力，(4) ストレスフルイベントに直面して，成長・発展・自己実現を成し遂げる能力の4つであることも明らかになっている。しかし，本書で新たに定義した，現実に沿ったポジティブな認知をも含む「ポジティブ志向」が，精神的健康の維持や高揚にどのような役割を果たすか，上記の4つの基準との関連はいかなるものであるか，およびポジティブ志向の現れ方に影響を及ぼす要因が何であるかについての検討は未だ十分であるとはいえない。

　また，重篤なストレスフルイベントに直面した人々に対してだけでなく，援助を必要とするほどの問題を持たない一般の人々に対して，ポジティブ志向がどのような役割を果たすかについての詳細な検討が必要であろう。なぜなら，第1節で述べたように，ポジティブ心理学は，まさにそのような「援助を必要とするほどの問題を持たない人々」の幸福感の促進や強みの強化をも目指していると考えられるからである。

　そこで，本書は，前節までに示してきた理論的背景を踏まえて，ポジティブ心理学の立場から，ポジティブ志向の現れ方に影響を及ぼす要因は何であるのか，およびポジティブ志向は精神的健康の維持・高揚においてどのような役割を果たすのかについて検討することを目的とする。ポジティブ志向に影響を及ぼす要因として，状況の性質，動機づけ，パーソナリティ特性に注目する。また，ポジティブ志向の果たす役割として，上記の4つの精神的健康の基準のうち，ストレスフルイベントに直面して成長・発展・自己実現を成し遂げる能力と，幸福で満足していられる能力，すなわち幸福感の2つの基準に焦点を当てる。しかし，前者の「ストレスフルイベントに直面して成長・発展・自己実現を成し遂げる能力」に関しては，第3節において概観したように，どのようなストレスフルイベントの中でポジティブ志向が現れやすいのか，およびストレスフルイベントにおいてポジティブ志向が精神的健康を維持するのか否かについて未だ確たる結論は得られていないことから，成長・発展・自己実現を成し遂げる能力について検討する前にこれらの問題を解決することが必要であると考えられる。そのため，成長・発展・自己実現を成し遂げる能力については本書では検討せず，まずストレスフルイベントにおける精神的健康の維持という点に焦点を当てることとする。以上の目的（Figure 1-1）に沿って，第2章（研

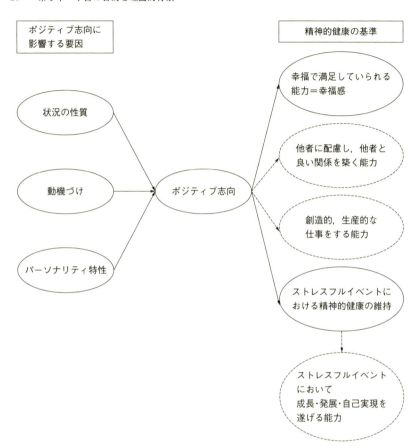

Figure 1-1　ポジティブ志向と精神的健康との関連
注）点線部は本書では検討しない。

究1）から第8章（研究7）まで7つの実証的研究を行い具体的に検討する。

　方法として，質問紙調査法を用いる。質問紙調査法は，厳密な因果関係を明らかにすることはできないということや，調査対象者の意識レベルしか測定できないということに関する限界は存在する。しかし質問紙調査法は，回答が研究者の存在によって影響されにくいこと，回答者間で質問の一様性がある程度保証できることなどのメリットがある。特に，本書においては，ストレスフルイベントというネガティブな事柄を扱うため，回答が研究者の存在によって影

響されにくく，かつ調査にあたって匿名性の保たれる質問紙調査法を用いて検討することは有効であると考えられる。

1.5.2 本書の構成

次章以下の構成は以下の通りである（Figure 1-2）。

第2章から第5章では，ストレスフルイベントにおけるポジティブ志向に影響を与える要因とポジティブ志向の果たす役割について，実証的に検討する。まず，第2章では，どのようなストレスフルイベントにおいてポジティブ志向がより顕著に現れやすいかを仮想場面を用いて検討する（研究1）。第3章では，ストレスフルな状況におけるポジティブ志向に影響を与える要因として動機づけと自己信念を取り上げ，それらがポジティブ志向にいかなる影響を与えるかを検討する（研究2）。第4章と第5章では，実際にストレスフルイベントに直面している者を対象に検討を行う。具体的には，大学生の直面するストレスフルイベントとして卒業論文作成を取り上げ，卒業論文作成中の大学4年生を対象に，自己や状況に対するポジティブ志向のあり方と精神的健康の関係を検討した研究について述べる（研究3，研究4）。

第6章から第8章においては，ポジティブ志向と幸福感の向上との関連について，実証的に検討する。その際，幸福感と関連が深いとされるパーソナリティ特性である楽観性を取り上げ，楽観性，ポジティブ志向，幸福感の三者の関連について検討する。第6章（研究5）では，パーソナリティ特性としての楽観性と幸福感の間を媒介するものとしてのポジティブ志向の役割について検討する。第7章（研究6）は，第6章（研究5）を踏まえ，ポジティブ志向の方向性を明細化し，また幸福感をより広く捉えたうえで，楽観性，ポジティブ志向，幸福感の三者の関連について検討する。第8章（研究7）は，抑うつを取り上げ，抑うつの程度によって楽観性，ポジティブ志向，幸福感の三者の関連がどのように異なるかについて検討する。

最後に第9章では，第2章から第8章において行った研究から全体としての考察を行い，本研究の示唆および今後の展望について述べる。

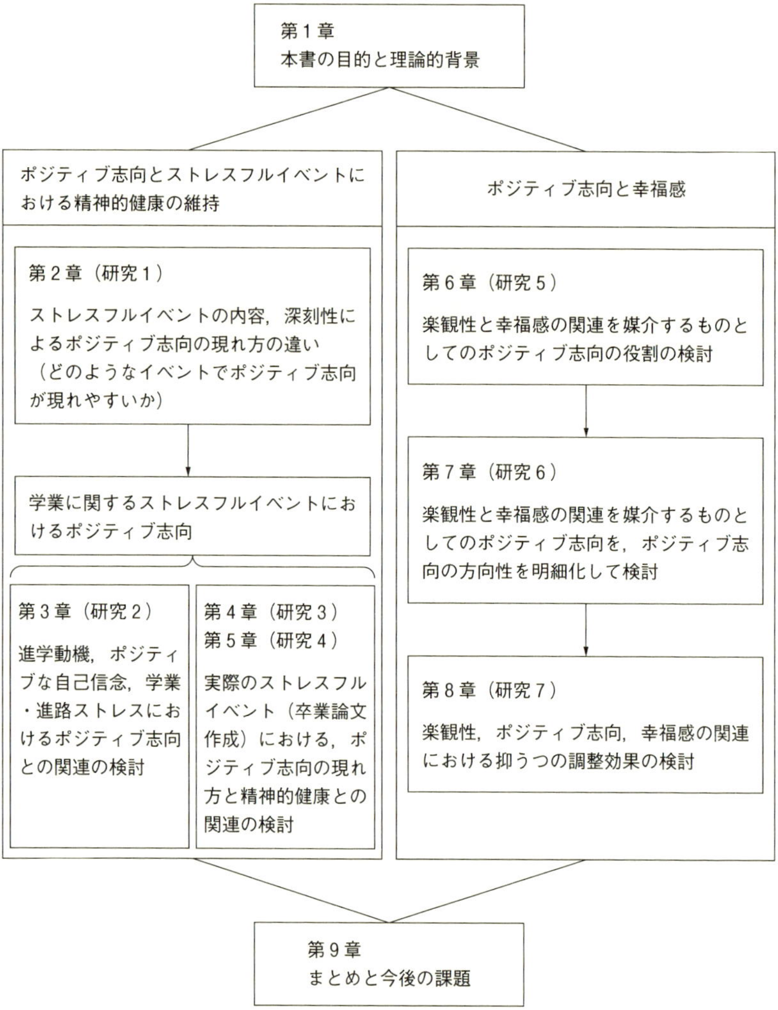

22　第1章　本書の目的と理論的背景

```
┌─────────────────────┐
│ 第1章                │
│ 本書の目的と理論的背景 │
└─────────────────────┘
```

ポジティブ志向とストレスフルイベントにおける精神的健康の維持

- 第2章（研究1）
  ストレスフルイベントの内容，深刻性によるポジティブ志向の現れ方の違い（どのようなイベントでポジティブ志向が現れやすいか）

- 学業に関するストレスフルイベントにおけるポジティブ志向

- 第3章（研究2）
  進学動機，ポジティブな自己信念，学業・進路ストレスにおけるポジティブ志向との関連の検討

- 第4章（研究3）
  第5章（研究4）
  実際のストレスフルイベント（卒業論文作成）における，ポジティブ志向の現れ方と精神的健康との関連の検討

ポジティブ志向と幸福感

- 第6章（研究5）
  楽観性と幸福感の関連を媒介するものとしてのポジティブ志向の役割の検討

- 第7章（研究6）
  楽観性と幸福感の関連を媒介するものとしてのポジティブ志向を，ポジティブ志向の方向性を明細化して検討

- 第8章（研究7）
  楽観性，ポジティブ志向，幸福感の関連における抑うつの調整効果の検討

第9章
まとめと今後の課題

Figure 1-2　本書の構成

第 2 章

内容および深刻性の異なるストレスフルイベントにおけるポジティブ志向の現れ方の違い（研究 1）

第1節 問　題

　本章では，第1章で述べた問題意識に基づき，深刻性と内容の異なる様々なストレスフルイベントにおいて，どのようにポジティブ志向の現れ方が異なるのかを検討する。

　人間は，生きていくうえで，ストレスを生じさせるような出来事に数多く遭遇する。このような出来事は，ストレスフルイベントと呼ばれ，「個人に新しい適応行動や対処行動を必要とさせるような出来事であり，それまでの生活様式に重大な変化をもたらすような出来事」(坂野，1999) と定義される。

　しかし，同種のストレスフルイベントに直面しても，どのような反応が生じるかはそれぞれ異なる。この時に，ストレス反応の生起に影響するのは，ストレスフルイベントに対してどのような認知を行うかということである。第1章で示したLazarus & Folkman (1984) の心理学的ストレスモデルにおいては，ストレスフルイベントにおける認知の重要性が強調されている。このモデルでは，ストレスフルイベントによる健康への影響力が，両者の間に介在する認知的評価とコーピングによって左右されると考えられている。つまり，客観的に見た出来事の強弱よりも，個人が出来事を主観的にどのように評価するかによってストレス反応が決定されると考えるのである。

　個人の認知によってストレス反応が決定されるのであれば，状況や自己に対してポジティブな認知を行うことは，ストレス反応を緩和し，健康を維持するうえで重要な意味を持つと考えられる。ポジティブな認知が精神的・身体的健康において重要な意味を持つことは，Taylor & Brown (1988, 1994) が提案したポジティブ幻想 (positive illusions) に関する研究の中でも強調されており，Taylor & Armor (1996) は，特にストレスフルな状況においてポジティブ幻想が重要であることを主張している。本研究では，このようなポジティブな認知のあり方をポジティブ志向として取り上げる。

　Taylorらは，乳がんやエイズウイルス感染という，人生において大きな脅威となるストレスフルイベントに直面した人々に対して実証研究を行った。一連の研究から，乳がん患者やエイズウイルス感染者は，しばしば非現実的なまで

に自己や環境に対するポジティブな認知を行い，それが精神的健康および身体的健康の維持や高揚と結びついていることが明らかになっている（e.g., Taylor, 1983; Taylor, Lichtman, & Wood, 1984; Taylor, Kemeny, Aspinwall, Schneider, Rodriguez, & Herbert, 1992）。

しかし，ポジティブ志向が，どのようなストレスフルイベントにおいてどの程度現れるのかという点については，これまで十分に検討されていない。この点については，主に，ストレスフルイベントの深刻性，つまり当人にとってそのストレスフルイベントがどの程度切実で重大であるかという点，および，ストレスフルイベントの内容の点から，どのようなストレスフルイベントでポジティブ志向が現れるのかを検討する必要があると考えられる。

まず，ストレスフルイベントの深刻性との関連については，Taylorらの研究において検討されているのは，非常に大きな深刻性を持つストレスフルイベントである（Taylor, 1983; Taylor et al., 1992）。Taylor, Kemeny, Reed, & Aspinwall（1991）は，日常的で軽微なネガティブイベントを扱うために用いられる認知的方略と，人生において非常に深刻な脅威となるイベントを扱うために用いられる認知的方略との間には一貫性があると主張している。この主張に従えば，ストレスフルイベントにおいては，その深刻性にかかわらず，ポジティブ志向を維持，回復，高揚するための認知的努力が行われるため，等しくポジティブ志向が現れるということになるだろう。しかし，深刻性の低いストレスフルイベントにおいてもポジティブ志向が現れるかどうかについては，これまであまり検討されていない。

また，ストレスフルイベントの内容との関連については，Taylorらの研究においては，病気（がんやエイズウイルス感染）を扱っている。また，Robins & Beer（2001）は，非現実的にポジティブな認知は，学業・職業の領域においては有用でないが，健康を扱った文脈においては有用である可能性を示唆している。しかし，学業・職業，病気以外の領域のストレスフルイベントを取り上げた研究は見当たらない。

以上の問題を踏まえ，本研究では，様々なストレスフルイベントにおいて，ポジティブ志向の現れ方がどのように異なるのかを，仮想場面を用いて，ストレスフルイベント間で比較検討することを目的とする。

ポジティブ志向については，どのようなストレスフルイベントにおいても適用可能であり，かつ自己，環境，未来に対する「現実のポジティブな面を強調するような，必ずしも現実に基礎を置いていない」(Brown, 1993) 認知を反映するような項目から成る尺度（ポジティブ志向尺度）を独自に作成し，ストレスフルイベント間で尺度得点を比較することにより，その現れ方を検討する。

ストレスフルイベントについては，深刻性と内容の点から検討を行う。深刻性については，高いレベルのものから軽微なレベルのものまでを幅広く扱う。内容については，先行研究で検討されている，学業・職業，病気以外に，ストレスフルイベント研究の中で数多く見受けられる，災害・事故・訴訟，および対人関係を取り上げる。

仮想場面を用いて調査を行う理由は，これまでに，ポジティブ志向を多様なストレスフルイベントの中で検討した先行研究が少ないことから，まず，同一の調査対象者内で多様なストレスフルイベントを並列的に比較することが必要だと考えられるためである。仮想場面を設定して調査を行うため，そのストレスフルイベントを実際に体験したことがあるかどうか，および，ストレスフルイベントの現実性（現実にそのストレスフルイベントが自分の身の上に生じる可能性はどの程度か）についても考慮する。

第2節　方　　法

調査対象者

関西地方の国立・私立大学に在籍する大学生265名（18歳～27歳，平均年齢20.98歳，$SD = 1.55$）に調査を実施した。その内訳は，男性92名（18歳～25歳，平均年齢21.05歳，$SD = 1.85$），女性171名（18歳～25歳，平均年齢20.96歳，$SD = 1.37$），性別不明2名[1]であった。

質問紙の構成

先行研究のライフイベント尺度（Holmes & Rahe, 1967; Weinstein, 1980;

---

[1] 本研究の目的からは外れるため，本研究では性差の検討を行わなかった。そのため，性別不明の2名も以後の分析に含めた。

Myers & Brewin, 1996；安田・佐藤, 2000) を参考に，ストレスフルイベントを選定した。ストレスフルイベントの内容は，病気，災害・事故・訴訟，対人関係，学業・職業に関するものとし，それぞれの領域から，深刻性の異なるストレスフルイベントを3種選出した。選定したストレスフルイベントは，病気の領域から「虫歯が痛む」「がんにかかる」「心臓病になる」，災害・事故・訴訟の領域から「自転車を盗まれる」「大きな借金を抱える」「自分の家が火事になる」，対人関係の領域から「隣人とのトラブルに巻き込まれる」「祖父母と死別する」「親・きょうだいと死別する」，学業・職業の領域から「単位を落とす」「選んだ職業が合わなかった」「留年する」，以上4領域12種であった。

デモグラフィック要因（年齢，性別，大学名，学部，学年）についての質問のあと，12種のストレスフルイベントを1つずつ順に提示し，そのイベントに自分が直面したと想定したうえで，それぞれのイベントについて以下の（1）～（4）に回答するよう求めた。なお，ストレスフルイベントの提示順序はカウンターバランスした。

（1）ストレスフルイベントの深刻性：「この出来事が現実に起こった時，それはあなたにとってどのくらい深刻な出来事になりますか」の問いに対し，7段階で評定を求めた（1点：「全然深刻でない」～7点：「非常に深刻である」）。

（2）ストレスフルイベントの現実性：「この出来事が，自分の身の上に現実に起こる程度はどのくらいだと思いますか」の問いに対し，7段階で評定を求めた（1点：「全然起こりそうにない」～7点：「非常に起こりそうである」）。

（3）ストレスフルイベントの体験の有無：「この出来事を，現実に，あなた，またはあなたの知り合いが体験したことはありますか」という問いに対し，「私の知り合いに体験した人はいない」「知り合いに体験した人がいる」「近い親類の中に体験した人がいる」「友人に体験した人がいる」「自分自身が体験したことがある」の選択肢を用意し，あてはまるもの全てに〇をつけるよう求めた。

（4）ストレスフルイベントにおけるポジティブ志向：筆者が独自に項目を作成した。Taylor & Brown（1988）で挙げられている3種類のポジティブ幻想について，Taylorらの理論（Taylor & Brown, 1988, 1994），およびストレスフルイベントを経験した者を対象にした実証研究（e.g., Taylor, 1983; Taylor et al., 1984; Taylor et al., 1992）に基づいてそれぞれに下位分類を設定した。

下位分類に基づいて，その内容を具体的に表す項目を13項目作成した（Table 2-1）。そのうち，「非現実的な楽観主義」に含まれる「事態の好転を期待」と，「コントロールの過大評価」に含まれる「再発の防止」に関しては，各ストレスフルイベントによって内容が異なるため，各ストレスフルイベント独自の項目を設定した（例：「私のがんは治ると思う」「自転車は戻ってくると思う」）[2]。

これらの項目に関して，そのストレスフルイベントに直面した時に自分が行うであろう，自分自身や状況に対する考え方にどの程度あてはまるかについて，7段階で評定を求めた（1点：「全然あてはまらない」～7点：「非常にあてはまる」）。項目の内容はTable 2-2に示す。

Table 2-1 ポジティブ幻想の下位分類と「ストレスフルイベントにおけるポジティブ志向」尺度として用いた項目

内容	下位分類	項目
非現実的にポジティブな自己認知	他者との社会的比較	同じような出来事にあった人の中では，今の自分の状態はましな方であると思う
	さらに悪い事態の想定	もっと悪い状態になっていたかもしれないので，それと比較すると今の自分の状態はましであると思う
	利益を想定	この出来事にあったことには，悪い面ばかりでなく良い面もあると思う
	自己高揚	この出来事にあったからといって，私は自分自身のことを全部否定的には考えない
コントロールの過大評価	対処可能性	この出来事に対処することができると思う
	精神的対処	平静な気持ちを，すぐに取り戻すことができると思う
	精神的対処（-）	落ち込んでしまって，何をすることもできないと思う
	他者からのサポート	私には，この出来事に対処することを可能にするために力を貸してくれる人がいると思う
	再発の防止	*イベントごとに個別に設定
非現実的な楽観主義	事態の好転を期待	*イベントごとに個別に設定
	事態の悪化を想定	この出来事から派生して悪いことがおきると思う
	将来への楽観性	今後は良いこともあると思う
	自分の未来を他者の未来よりも肯定的に考える	自分の未来は，同じような出来事にあった他の人の未来よりも良いと思う

---

2) イベントごとに独自の項目を設定した「事態の好転を期待」「再発の防止」を表す2項目についての分析の結果は割愛する。

調査時期と調査手続き

　2001年11月に，授業時間の一部を利用して，集団形式による無記名式の質問紙調査を実施した。A4判27ページの冊子形式に綴じた調査用紙を授業担当者が配布して調査を依頼し，その場で質問紙への回答を求め，回収を行った。なお，調査にあたっては，無記名とするため個人のプライバシーは保護されること，調査への参加は自由意思によるものであることが，フェースシートにて確認された。所要時間は30分程度であった。

第3節　結　　果

2.3.1　「ストレスフルイベントにおけるポジティブ志向」尺度の構成

　「ストレスフルイベントにおけるポジティブ志向」尺度13項目のうち，どのイベントに対しても共通に用いた11項目について，まず各調査対象者のそれぞれのストレスフルイベントに対する回答に対して，ストレスフルイベントごとに別々に因子分析（因子抽出法：主因子法，プロマックス回転）を行った。その結果，ストレスフルイベントによって因子構造に大きな違いのないことが確認されたため，12種のストレスフルイベントに対する回答を込みにして，因子分析（因子抽出法：主因子法，プロマックス回転）を行った。固有値の推移と解釈可能性によって2因子解が妥当であると考えられた。その後，信頼性を低めていると考えられる1項目[3]を除外して再度因子分析を行った。最終的な因子分析の結果をTable 2-2に示した。

　第1因子には，「落ち込んでしまって，何をすることもできないと思う」（逆転項目）など，ストレスフルイベントに対するコントロール可能性を表す項目が高く負荷していたため，これを「コントロール可能性」と命名した。第2因子には，他者や想定される悪い事態との比較によって，ストレスフルイベントに直面した時点の自己や環境をポジティブに認知することを表す項目が高く負荷していたため，これを「比較により生じるポジティブな認知」と命名した。

　ストレスフルイベントごとに第1因子の5項目，第2因子の5項目の合計得

---

[3]「私には，この出来事に対処することを可能にするために力を貸してくれる人がいると思う」。

Table 2-2 「ストレスフルイベントにおけるポジティブ志向」尺度の因子分析結果
（因子抽出法：主因子法，プロマックス回転後，因子パターン行列）

No.	項目	F1	F2	共通性
	第1因子：「コントロール可能性」			
7	落ち込んでしまって，何をすることもできないと思う*	.881	−.079	.714
1	平静な気持ちを，すぐに取り戻すことができると思う	.828	.041	.720
4	この出来事に対処することができると思う	.727	.152	.661
3	この出来事から派生して悪いことが起こると思う*	.702	−.081	.443
11	この出来事にあったからといって，私は自分自身のことを全部否定的には考えない	.400	.346	.416
	第2因子：「比較により生じるポジティブな認知」			
12	自分の未来は，同じような出来事にあった他の人の未来よりも良いと思う	−.090	.823	.628
8	もっと悪い状態になっていたかもしれないので，それと比較すると今の状態はましであると思う	−.054	.818	.612
9	今後は良いこともあると思う	−.048	.744	.592
5	この出来事にあったことには，悪い面ばかりでなく良い面もあると思う	.058	.584	.379
2	同じような出来事にあった人の中では，今の自分の状態はましな方であると思う	.347	.501	.544
	因子間相関	.495		

注）*は逆転項目。
No.6とNo.13はあらかじめ因子分析から除外している。

Table 2-3 各下位尺度の信頼性係数（Cronbachのα）

	F1	F2
虫歯が痛む	.684	.610
がんにかかる	.808	.833
心臓病になる	.809	.823
自転車を盗まれる	.711	.652
大きな借金を抱える	.786	.804
自分の家が火事になる	.720	.752
隣人とのトラブルに巻き込まれる	.712	.684
祖父母と死別する	.766	.760
親・きょうだいと死別する	.797	.837
単位を落とす	.803	.766
選んだ職業が合わなかった	.776	.790
留年する	.816	.839

注）F1：コントロール可能性。
F2：比較により生じるポジティブな認知。

点を算出し，それぞれの下位尺度得点とした。下位尺度の信頼性係数については，12種のストレスフルイベントの2つの因子の信頼性係数（クロンバックのα）は.61〜.84であり，そのうち.75以上が17/24であったので，実用に耐え得る値であるとみなした（Table 2-3）。

2.3.2 各ストレスフルイベントの深刻性，現実性

12種のストレスフルイベントの深刻性と現実性について，調査対象者全員の回答の平均値を算出した（Figure 2-1，Figure 2-2）。

ストレスフルイベント間の深刻性の平均値の差を検討するため，深刻性の平均値について，ストレスフルイベントの種類（12水準：被験者内要因）を要因とする1要因分散分析を行ったところ，イベントの主効果が有意であった（$F(11, 2871) = 117.37$, $p<.001$）。多重比較（TukeyのHSD法：以下の分析も同様）を行った結果，特に深刻性の高いストレスフルイベントは「自分の家が火事になる」「親・きょうだいと死別する」「がんにかかる」など，他方，深刻性の低いストレスフルイベントは「虫歯が痛む」「自転車を盗まれる」などであっ

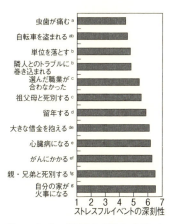

Figure 2-1　各ストレスフルイベントの深刻性の平均値

注）アルファベットの添え字は多重比較の結果を示す。異なるアルファベットのイベント間には5％水準で有意差あり。同じアルファベットのイベント間には有意差なし。

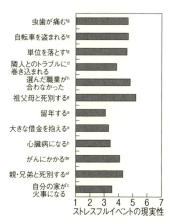

Figure 2-2　各ストレスフルイベントの現実性の平均値

注）アルファベットの添え字についてはFigure 2-1と同様。

た。どのストレスフルイベントの深刻性も平均値が4点（「どちらともいえない」）以上であったため，全体的にどのストレスフルイベントも深刻であるとみなされていたといえるだろう。

次に，ストレスフルイベント間の現実性の平均値の差を検討するため，現実性の平均値について，ストレスフルイベントの種類（12水準：被験者内要因）を要因とする1要因分散分析を行ったところ，イベントの主効果が有意であった（$F(11, 2871) = 69.16, p < .001$）。多重比較を行った結果，特に現実性の高いストレスフルイベントは「祖父母と死別する」「選んだ職業が合わなかった」，現実性の低いストレスフルイベントは「留年する」「大きな借金を抱える」であった。

全体的に，深刻性が高いと認知されているストレスフルイベントは現実性が低いと認知されており，実際に体験した人数は少なかった。逆に，深刻性が低いと認知されているストレスフルイベントは現実性が高いと認知されており，実際に体験した人数は多かった。例外として，「隣人とのトラブルに巻き込まれる」は深刻性も現実性も他のストレスフルイベントに比べて低く，「親・きょうだいと死別する」は，深刻性も現実性も他のストレスフルイベントに比べて高かった。

2.3.3 ストレスフルイベントによるポジティブ志向の現れ方の違い（調査対象者全員）

次に，ストレスフルイベント間の，ポジティブ志向の現れ方の比較を行った。調査対象者全員について，12種のストレスフルイベントに対する「コントロール可能性」得点と「比較により生じるポジティブな認知」得点の平均値を算出し（Figure 2-3，Figure 2-4），それぞれの得点について，ストレスフルイベントの種類（12水準：被験者内要因）を要因とする1要因分散分析を行った。

まず，「コントロール可能性」得点については，ストレスフルイベントの種類の主効果が有意であった（$F(11, 2882) = 155.20, p < .001$）。多重比較を行った結果，「コントロール可能性」得点の高さは，ストレスフルイベントの内容や現実性にはかかわらず，ストレスフルイベントに対する深刻性の低さとほぼ対応する結果となった。つまり，深刻性の低いストレスフルイベントについて

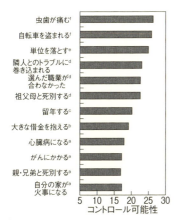

Figure 2-3　各ストレスフルイベントにおける「コントロール可能性」得点の平均値（調査対象者全員）

注）アルファベットの添え字については Figure 2-1 と同様。

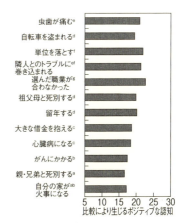

Figure 2-4　各ストレスフルイベントにおける「比較により生じるポジティブな認知」得点の平均値（調査対象者全員）

注）アルファベットの添え字については Figure 2-1 と同様。

は「コントロール可能性」得点が高く，逆に深刻性の高いストレスフルイベントについては「コントロール可能性」得点が低かった。

「比較により生じるポジティブな認知」得点についても，ストレスフルイベントの種類の主効果が有意であった（$F(11, 2882) = 58.06, p<.001$）。多重比較を行った結果，「比較により生じるポジティブな認知」得点についても，ストレスフルイベントに対する深刻性の低さとほぼ対応する結果となったが，深刻性が同じ程度のストレスフルイベントであれば，「学業・職業」領域のストレスフルイベントにおいて高得点であった。特に，「選んだ職業が合わなかった」において顕著に高得点であった。「自転車を盗まれる」は深刻性が低いストレスフルイベントにもかかわらず，それほど高得点ではなかった。

2.3.4　各ストレスフルイベントにおける，深刻性とポジティブ志向との関連

各ストレスフルイベントにおける，深刻性とポジティブ志向との関連を調べるため，調査対象者全員に関して，ストレスフルイベントごとに，深刻性と，「コ

Table 2-4 各ストレスフルイベント別の，深刻性と，「コントロール可能性」得点および「比較により生じるポジティブな認知」得点の相関

	調査対象者全員		体験群			非体験群		
	コントロール可能性	比較により生じるポジティブな認知	人数(人)	コントロール可能性	比較により生じるポジティブな認知	人数(人)	コントロール可能性	比較により生じるポジティブな認知
虫歯が痛む	−.475***	−.200**	195	−.439***	−.231***	70	−.551**	−.125
自転車を盗まれる	−.525***	−.259***	138	−.529***	−.278***	127	−.515***	−.231**
単位を落とす	−.527***	−.208**	164	−.541***	−.229**	100	−.471***	−.143
隣人とのトラブルに巻き込まれる	−.527***	−.257***	49	−.635***	−.247+	216	−.477***	−.256***
選んだ職業が合わなかった	−.492***	−.384***	21	−.401+	−.438*	244	−.510***	−.385***
祖父母と死別する	−.623***	−.384***	177	−.641***	−.368***	87	−.590***	−.407***
留年する	−.549***	−.493***	5	−.132	−.427	260	−.552***	−.488***
大きな借金を抱える	−.431***	−.301***	19	−.558*	−.233	245	−.416***	−.300***
心臓病になる	−.457***	−.285***	10	−.458	.249	255	−.437***	−.334***
がんにかかる	−.542***	−.338***	0					
親・きょうだいと死別する	−.517***	−.364***	21	.034	.224	244	−.553***	−.399***
自分の家が火事になる	−.308***	−.281***	4	.142	−.295	261	−.318***	−.284***

***$p<.001$, **$p<.01$, *$p<.05$, +$p<.10$

ントロール可能性」得点および「比較により生じるポジティブな認知」得点との相関係数（Pearsonのr）を算出した（Table 2-4左列）。

その結果，いずれのストレスフルイベントにおいても，「コントロール可能性」得点とストレスフルイベントの深刻性との間には中程度の負の相関が見られ，そのストレスフルイベントを深刻であると認知しているほど，コントロール可能性を低く認知しているという関係が見出された。また，「比較により生じるポジティブな認知」得点とストレスフルイベントの深刻性の間には弱い負の相関が見られ，そのストレスフルイベントを深刻であると認知しているほど，比較によるポジティブな認知を行っていないという関係が見出された。

2.3.5 ストレスフルイベントを実際に体験したか否かによる，ポジティブ志向のあり方の違い

本研究では，仮想場面を想定させる方法を用いたために，ポジティブ志向の現れ方が現実場面のものとは異なっている可能性が考えられる。そこで，ポジティブ志向の現れ方が，そのストレスフルイベントを実際に体験したか否かに

影響を受けるかを検討した。

ストレスフルイベントごとに，実際に自分自身がそのストレスフルイベントを体験した調査対象者（体験群）と，体験していない調査対象者（非体験群）に分類した。そして，12種のストレスフルイベントそれぞれについて，体験群と非体験群別に，「コントロール可能性」得点と「比較により生じるポジティブな認知」得点の平均値を算出した（Figure 2-5，Figure 2-6）。なお，各ストレスフルイベントにおける体験群の人数もFigure 2-5，Figure 2-6に併記した[4]。

各ストレスフルイベントにおいて，体験群と非体験群とで，「コントロール可能性」得点と「比較により生じるポジティブな認知」得点に違いがあるかどうかを，群（2水準：体験群，非体験群）を被験者間要因とする1要因分散分

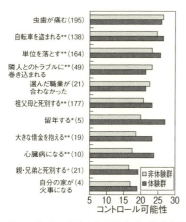

Figure 2-5 各ストレスフルイベントにおける，体験群と非体験群の「コントロール可能性」得点の平均値

注1） $**p<.01$, $*p<.05$, $+p<.10$ で両群の間に有意な得点差がある。
注2）（ ）内は各ストレスフルイベントにおける体験群の人数。

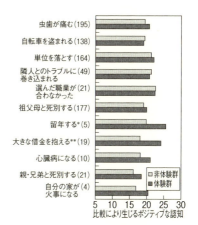

Figure 2-6 各ストレスフルイベントにおける，体験群と非体験群の「比較により生じるポジティブな認知」得点の平均値

注1） $**p<.01$, $*p<.05$ で両群の間に有意な得点差がある。
注2）（ ）内は各ストレスフルイベントにおける体験群の人数。

---

[4]「がんにかかる」は体験人数が0人なので，記載していない。

析により比較した。その結果,「コントロール可能性」得点については,12種中7種のストレスフルイベントにおいて,非体験群よりも体験群の方が有意に高得点であるという結果が得られた。「隣人とのトラブルに巻き込まれる」については,体験群よりも非体験群の方が有意に高得点であった。他方,「比較により生じるポジティブな認知」得点については,「留年する」「大きな借金を抱える」のストレスフルイベントにおいて,非体験群よりも体験群の方が有意に高得点であったが,その他のストレスフルイベントにおいては,両群に有意な得点差は見られなかった。

また,体験群,非体験群別に,ストレスフルイベントごとに,深刻性と,「コントロール可能性」得点および「比較により生じるポジティブな認知」得点との相関係数(Pearsonのr)を算出した(Table 2-4 中列・右列)。体験群においても非体験群においても,ほとんどのストレスフルイベントにおいて,深刻性と「コントロール可能性」得点,および深刻性と「比較により生じるポジティブな認知」得点との間には,弱い〜中程度の負の相関が見られた。なお,体験群の人数が49人以下と少ないストレスフルイベントにおける,深刻性と,「コントロール可能性」得点および「比較により生じるポジティブな認知」得点との相関については,参考程度にとどめる。

第4節 考　察

2.4.1 「ストレスフルイベントにおけるポジティブ志向尺度」の構成

本研究では,Taylor & Brown (1988) の理論を参考に,ストレスフルイベントにおける,自己,環境,および未来に対するポジティブ志向を測定する尺度を作成した。因子分析の結果,「コントロール可能性」「比較により生じるポジティブな認知」の2因子解とするのが妥当であるという結果を得た。先行研究と対応させると,「コントロール可能性」は,ストレスフルイベントに対する自己の統制可能性を示しており,Taylor & Brown (1988) の主張する「環境に対するポジティブな認知」,およびLazarus & Folkman (1984) の提案する「ストレスフルイベントの二次的評価」に対応するものと考えられる。他方,「比較により生じるポジティブな認知」は,自己,環境,未来の種別を問わず,

他者や過去の自分との比較によって，現在をポジティブに考えることを示しており，Taylor & Brown（1988）の提案するポジティブ幻想の概念に近い内容であると考えられる。2つの因子間の相関は.495（Table 2 - 2）と高い値であり，両者は互いに関連しているといえよう。

2.4.2 ストレスフルイベントによるポジティブ志向の現れ方の違い
コントロール可能性について

「コントロール可能性」得点の高さは，ストレスフルイベントの内容にかかわらず，ストレスフルイベントに対する深刻性の低さとほぼ対応する結果となり，深刻性が低いイベントほどコントロール可能性が高く認知されていた（Figure 2 - 3）。これは，本研究においてはストレスフルイベントの深刻性も調査対象者の自己報告によるものであったためであると考えられる。「コントロール可能性」得点とストレスフルイベントの深刻性の間には，どのストレスフルイベントにおいても中程度の負の相関が見られていた（Table 2 - 4）。つまり，そのストレスフルイベントが深刻であるかどうかの評価が，ストレスフルイベントをコントロールすることが可能かどうかについての評価と深く関わってなされたと考えられる。深刻性の評価はストレスフルイベントへの一次的評価にあたり，コントロール可能性の認知は二次的評価にあたるものと考えられるが，Lazarus & Folkman（1984）が指摘しているように，両者は相互に影響を及ぼし合ってなされると考えられる。

体験群と非体験群とで得点を比較すると，全体の半分以上のストレスフルイベントにおいて，非体験群よりも体験群の方が有意に高得点であるという結果が得られた（Figure 2 - 5）。これは，一度体験した（もしくは現在体験している）ということによって，次に同様のストレスフルイベントに直面した場合の自己のコントロール能力を高く評定したということが考えられる。このことから，コントロール可能性の認知は，多くのストレスフルイベントにおいて，実際にそのストレスフルイベントを体験することによって高揚するといえよう。しかし，体験群と非体験群の得点間に有意な差のないストレスフルイベントや，非体験群の方が有意に高得点であるストレスフルイベントも存在するため，ストレスフルイベントの内容によっては，実体験がコントロール可能性の認知の

高揚につながらない場合が存在すると考えられる。実体験がコントロール可能性の認知の高揚を導く理由については，実際にストレスフルイベントを体験した場合に行われた対処方略および対処の結果もあわせて，今後さらに検討することが必要であろう。

比較により生じるポジティブな認知について

「比較により生じるポジティブな認知」得点についても，一部の例外を除いてはストレスフルイベントに対する深刻性の低さとほぼ対応する結果となった（Figure 2-4）。したがって，深刻性が高いストレスフルイベントでは比較によるポジティブな認知が行われにくく，深刻性が低いストレスフルイベントでは行われやすいといえる。しかし，深刻性が同じ程度のストレスフルイベントであれば，「学業・職業」領域のストレスフルイベントにおいて高得点であり，「学業・職業」領域のストレスフルイベントについては，ほかの領域のイベントよりも，他者や想定される悪い事態との比較によって自己や環境をポジティブに認知することが行われやすいと考えられる。これは，本研究の調査対象者である一般の大学生にとって，「学業・職業」領域のストレスフルイベントが身近であり，かつ自尊心に直接関係する重要なものであるということ，および「学業・職業」領域のストレスフルイベントにおいては，成功・失敗が数値等として具体的に現れることが多いことが理由として考えられる。

「学業・職業」領域以外のストレスフルイベントにおいては，深刻性の低いストレスフルイベントほど比較によるポジティブな認知が行われていたが，「自転車を盗まれる」は，他の深刻性の低いイベントと比較すると，比較によるポジティブな認知が行われていなかった。この理由として，解決のためにはイベントから注意をそらすことが必要である（諦めて新しいものを買う）ため，他者や過去の自分と比較して現在の自己や環境をポジティブに認知することがそれほど必要とされなかったことが考えられる。

体験群と非体験群とで得点を比較すると，「留年する」「大きな借金を抱える」以外のストレスフルイベントでは両群に有意な差は見られなかった（Figure 2-6）。「留年する」「大きな借金を抱える」は深刻性が中程度以上のストレスフルイベントであるが，これらのストレスフルイベントよりも深刻性の高い「心

臓病になる」「親・きょうだいと死別する」「自分の家が火事になる」については，体験群の人数が非体験群に比して少なかったために統計的に有意な差は認められなかったものの，数値上は体験群の方が高得点であった。このことから，深刻性の高いストレスフルイベントにおいては，実際に体験した場合に，比較によるポジティブな認知がなされる可能性が残されている。また，各ストレスフルイベントにおける体験群の得点を見ると，深刻性の低いストレスフルイベントにおいても高いストレスフルイベントにおいても，同じ程度の得点であったことから（Figure 2-6），実際にそのストレスフルイベントを体験した際には，ストレスフルイベントの深刻性にかかわらず比較によるポジティブな認知がなされる可能性が完全には否定されない。つまり，日常的で軽微なネガティブイベントを扱うために用いられる認知的方略と，人生において深刻な脅威となるイベントを扱うために用いられる認知的方略との間には一貫性がある（Taylor et al., 1991）可能性があると考えられる。この点については，実際に体験した者を対象に，さらに詳細に検討する必要がある。

また，深刻性の低いストレスフルイベントにおいては，「比較によるポジティブな認知」得点について，体験群と非体験群の間に違いが見られなかった。このことから，深刻性の低いストレスフルイベントにおいて，比較によるポジティブな認知が行われることには，実際に体験したか否か以外の要因が関係していると考えられる。楽観性や自意識などの個人内要因が影響していることも考えられる。この点に関しては今後の検討が必要である。

第5節 本章のまとめ

本章では，深刻性と内容の異なる様々なストレスフルイベントにおいて，ポジティブ志向の現れ方がどのように異なるのかを，仮想場面を想定させる方法を用いて検討した。その結果，以下のことが明らかになった。ストレスフルイベントにおけるポジティブ志向は，「コントロール可能性」と「比較により生じるポジティブな認知」の2因子から構成されていた。コントロール可能性はストレスフルイベントの深刻性の低さと対応していた。また，実際にストレスフルイベントを体験した群において，コントロール可能性が高く認知される傾

向があった。他方，比較により生じるポジティブな認知については，深刻性が同じ程度であれば学業や職業に関するストレスフルイベントにおいて顕著に行われていた。また，実際に体験した場合に，ストレスフルイベントの深刻性にかかわらず同程度になされる可能性が示唆された。

　本研究は仮想場面を想定させる方法を用いたことによる限界がある。本研究では，深刻性が高いと認知されているストレスフルイベントは現実に起こる可能性が低いと認知されていた。そのため，調査対象者は，深刻性が高いストレスフルイベントについて，実際にそのストレスフルイベントに遭遇した場合にどのような認知を行うかということを具体的に考えにくかった可能性がある。今後は，深刻性が高く，かつ現実性と経験率がともに高いストレスフルイベントを含めた検討が必要である。

　さらに，ポジティブ志向がどのように精神的健康と結びつくかについては本研究では十分に検討できなかった。この点については，仮想場面だけでなく現実の場面における調査も併用し，実際にストレスフルイベントに対処するうえで，ポジティブ志向が精神的健康の維持と高揚に対してどのような役割を果たすかを検討する必要があると考えられる。その際，各ストレスフルイベントにおいて，実際に行われる行動的対処および認知的対処との関連もあわせて検討する必要があるだろう。

　多様なストレスフルイベント間のポジティブ志向の現れ方の違いを比較した研究はこれまでになく，本研究は新たな知見を提供できたといえる。特に，学業や職業に関するストレスフルイベントにおいて，ポジティブ志向が現れやすいことが明らかになった。ストレスフルイベントの内容によりポジティブ志向の現れ方に違いが見られたことから，第3章（研究2），第4章（研究3），第5章（研究4）では，学業に関するストレスフルイベントに焦点を当てて検討する。

第 3 章

大学進学動機，ポジティブな自己信念，大学生活で遭遇するストレスフルな状況におけるポジティブ志向の関連（研究 2）

第1節 問　題

　第2章（研究1）において，特に学業や職業に関するストレスフルイベントにおいては，ほかの領域のストレスフルイベントよりもポジティブ志向が現れやすいことが明らかになった。そこで本章においては，学業や職業に関するストレスフルな状況におけるポジティブ志向の形成には，どのような要因が関連しているかについて，大学生を対象に，大学進学動機とポジティブな自己信念という要因を取り上げて検討する。

　現在の日本の高等教育のあり方を考える時，大学進学率の上昇に伴う大学の大衆化ということを抜きにするわけにはいかない。日本においても，ヨーロッパやアメリカと同様，高等教育は最初，限られたごく少数の者を対象とするエリート養成のための教育機関としてスタートした。昭和40年代半ばにおいては，日本における大学進学率は15％を超える程度であったが，その後上昇を続け，2014年度においては，大学・短期大学への進学率は53.8％となっている（文部科学省，2014）。今や，高等教育は，特権階級のものでも希望するものの権利でもなく，むしろ万人の義務に近いものとなっている。すなわち，大学を出れば就職に有利なのではなく，大学を出ていないと就職に不利になるのである。

　このように，大学への進学がごく一般的なものになるにつれ，「大学は学問の場である」ということが必ずしも自明のことではなくなり，入学者の大学進学動機も多様化してきた。すなわち，「学問を究めたい」「学業に専心したい」という動機で入学してくる者は全体としては少数派となり，「学生生活を楽しみたい」や「友達も行くから」といったような直接学業とは関係のない「非学業的進学動機」，あるいは「ほかにすることがないから」「何となく」というような特に明確な目的を持たない「モラトリアム型の進学動機」も多く見受けられるようになった。

　このような大学進学動機の多様化について，渕上（1984）は，高校3年生506人を対象に大学進学志望動機に関する質問紙調査を行い，「大学の本来的機能」「家族への配慮と規範機能」「モラトリアム機能」「大学の副次的機能（ク

ラブ活動をしたい，大学で多くの人と知り合いたいなど）」「大学の経済価値機能」の5因子を抽出し，それらの機能と人的影響源（教師，父親，母親，友人）との関係を調べた。その結果，学業成績の水準によっても進学動機の意味は異なるが，進学志望動機の形成に対して家族の影響力が大であること，特に目的意識を持った進学には教師と父親の影響力が深く関連していることが示された。さらに，目的意識を持たない進学動機は，モラトリアム機能にまとめられることも明らかにされた。

　大学進学動機の多様化は，大学生活における学生の適応にも影響を及ぼしているという指摘がなされている。その1つとして，スチューデント・アパシーに関する研究が挙げられる。下山（1996）は，スチューデント・アパシー研究の歴史的，理論的検討を行っている。歴史的には，（1）わが国において大量留年が問題になり，アメリカではP. A. J. Waltersによって"student apathy"の概念が提唱された1960～70年代前半，（2）学園紛争の嵐が収まり「シラケ」という虚脱感が蔓延した1970年代後半，（3）大学大衆化時代の学生特有の無気力が注目を集めだした1980年代前半，（4）アパシーが特異な障害でなく一般大学生のものとして捉えられるようになった1980年代後半，（5）拡大するアパシー概念の整理が始まった1990年代，という時代区分が示されている。また，理論的アプローチとしては，（1）障害論—精神病理学理論，（2）障害論—パーソナリティ論，（3）発達論—精神分析的発達論，（4）発達論—アイデンティティ論，（5）発達論—進路発達理論，（6）認知学習理論の6種類が区分された。

　この論文に先立ち，下山（1992）は，大学2年生369人を対象にアパシーを下位尺度とするモラトリアム尺度の作成を行うための調査を実施した。因子分析の結果，モラトリアム尺度を構成するものとして「回避」「拡散」「延期」「模索」の4因子が見出された。

　大学進学動機とスチューデント・アパシーとの関連性については，鉄島（1993）が次のような研究を行っている。治療的援助が必要とされる臨床群でないという意味での一般大学生381人を対象とする質問紙調査の因子分析の結果から，アパシー傾向に関して「授業からの退却」「学業からの退却」「学生生活からの退却」の3因子が抽出された。また，進学動機を「大学の本来的機能」「大学

の副次的機能」「周囲への配慮の機能」に分け，進学動機の曖昧さや消極さが「学業レベルの退却」に影響していることが明らかにされた。

さらに安藤（1989）は，私立女子大学・短期大学の学生551人を対象とし，大学生活に対する適応群と不適応群の進学動機の違いを分析し，適応群の学生が「知識・技術・資格の獲得」や「教養・視野の拡大」などの積極的な目的を持って進学してきているのに対し，不適応群の学生の進学動機は「誰でも大学に行く時代だから」という無目的・消極型の動機が第一であることを示している。

以上のような一連の研究に対して，もう1つ重要な視点があることを指摘したい。それは，学生が大学生活の中で遭遇する様々なストレスをどのように認知し，どのように対処するかという問題であり，そのような認知的対処に対しても，大学進学動機が影響を及ぼしている可能性が高いと考えられる。

ストレスへの対処についての従来の研究では，自己に都合の良いようにポジティブな方向に歪んだ認知の重要性が指摘されている。本研究では，第1章で述べたように，ポジティブな方向に歪んだ認知に限定せず，現実に沿った認知および現実に沿っているのか現実を歪めているのか曖昧な認知も含めたポジティブな認知のあり方をポジティブ志向として取り上げる。

しかし，大学進学動機が，大学生活の中で遭遇するストレスフルな状況におけるポジティブ志向に直接的に影響するという説明を行うとするならば，それはいささか単純であるように思われる。なぜなら，大学進学動機は学生が入学以前に持っていた過去のものであり，大学入学後の様々な活動を通じて，学生がどのような自己信念を形成していくかについても同時に検討することが不可欠と思われるからである。そこで本研究では，「自己信念」を，「大学進学動機」と「大学生活の中で遭遇するストレスフルな状況におけるポジティブ志向」をつなぐ重要な仲介変数であると位置づける。

以上を踏まえ，本研究は，大学進学動機と自己信念，および大学生活の中で遭遇するストレスフルな状況におけるポジティブ志向との関連を多層的に調べるため，大学生を対象に質問紙調査を行い，共分散構造分析によるモデル化の手法を用いてこの三者の関連を検討することを目的とする。

第2節 方　法

調査対象者

　国立K大学に在籍する，学部生および大学院生121名（19〜38歳，平均年齢21.55歳，$SD = 2.73$）を対象に調査を実施した。調査対象者の性別，学校種別（学部，大学院），大学での年数，所属学部など特徴別の内訳をTable 3-1に示す。

質問紙の構成

　デモグラフィック変数（年齢，性別，学部，学校種別，大学での年数）についての質問の後，大別して次の4種類の項目について調査した。その他の調査項目も含まれていたが，関連性が少ないので本章ではその部分は割愛する。

　（1）大学進学動機：「私が大学に入学したのは…」のリード文に続き，「1. 私の両親が勧めてくれたから」など11の理由について，それぞれ5段階で評定を求めた（1点：「全くあてはまらない」〜5点：「とてもよくあてはまる」）。11項目の具体的内容はTable 3-2に示した。

　（2）自身についての個人的見解：「あなた自身についての個人的見解」として，「1. 今の自分に満足している」など5項目（Table 3-3のS1からS5参照）について5段階で評定を求めた（1点：「全くあてはまらない」〜5点：「とて

Table 3-1　調査対象者の内訳

所属部局	計	性別		種別		大学での年数							平均年齢
		男	女	学部	大学院	2	3	4	5	6	7	8	9	
文	39	18	21	38	1	15	18	2	1	2	1	0	0	20.90
教育	57	27	30	53	4	21	13	8	10	2	0	1	1	21.49
経済	1	1	0	1	0	0	0	0	1	0	0	0	0	23.00
総合人間	5	2	3	5	0	0	4	1	0	0	0	0	0	21.00
人間環境学研究科	3	0	3	0	3	0	0	0	0	0	0	1	2	27.00
理	10	6	4	8	2	1	3	2	1	2	0	0	1	22.40
農	2	1	1	1	1	0	0	1	0	1	0	0	0	25.00
不明	4	2	2	3	1	0	2	1	1	0	0	0	0	21.00
合計	121	57	64	109	12	37	40	15	14	7	1	2	4	21.55

注）教育学部のうち，大学での年数が未記入の者が1名あった。

もよくあてはまる」）。

（3）自身の未来についての見解：「1．自分の人生が両親と同じようになったらよいと思う」など3項目（Table 3-3のF1，F2，F3参照）について5段階で評定を求めた（1点：「全くあてはまらない」～5点：「とてもよくあてはまる」）。

（4）大学生活におけるストレスに関する質問：「ストレスとは，周囲の状況や環境から影響を受けて，抑うつ・不安・怒り・イライラなど不快な気持ちを長く感じている状態をいいます。あなたは，大学生活を送っていて，次のことに対して，どの程度のストレスを感じていますか」という説明のあと，次の2種類の質問を行った。

（4）-①5つの領域において現在感じているストレス度：大学生活においてストレスを経験すると思われる領域のうち，代表的なものとして「学業に関すること」「人間関係に関すること」「経済（お金）に関すること」「健康に関すること」「進路に関すること」の5つの領域を挙げ，それぞれの領域について，現在，調査対象者がどの程度のストレスを感じているかを7段階評定（1点：「全然感じていない」～7点：「非常に感じている」）で尋ねた。

（4）-②ストレスフルな状況におけるポジティブ志向：続いて，上記の5種類の領域を1つずつ提示し，「以下の□に示したことに対してあなたがストレスを感じていると想定してください。その時あなたは，そのこと，その状況や自分自身に対して，次のような考え方をどのくらいすると思いますか」として，Table 3-4に示される5項目それぞれに対して7段階で評定を求めた（1点：「全然あてはまらない」～7点：「非常にあてはまる」）。なお，この5項目は，研究1（第2章）の「ポジティブ志向尺度」のうち，主に「比較により生じるポジティブな認知」の項目について，ストレスフルな状況における認知を問うように修正，追加したものである。「比較により生じるポジティブな認知」の項目に限定した理由は，それがTaylor & Brown（1988）の主張するポジティブ幻想の概念に近い内容であることである。

調査時期と調査手続き

調査は2002年6月～7月に実施した。Ａ4判14ページの冊子形式に綴じた

調査用紙を，複数の授業の時間に配布し，後日指定の期間・場所に本人が持参する形式で回収した。調査にあたっては，無記名とするため個人のプライバシーは保護されること，調査への参加は自由意思によるものであることが，フェースシートにて確認された。なお，調査用紙と同時に提出する出席カードによって，授業への出席を確認するという形式をとった。

第3節 結　果

以下の分析においては，全体の調査対象者数が121人と多変量解析を行うには少なめであるので，性差，学部，大学での年数などの条件は込みにした結果のみを見ていくことにする。

3.3.1 「大学進学動機」尺度の構成

大学進学動機尺度11項目について，因子分析（因子抽出法：最尤法，プロマックス回転）を行った。固有値の推移と解釈可能性によって3因子解が妥当であると考えられた。因子分析の結果をTable 3-2に示した。

第1因子（α =.752）には，親，先生，友人など周囲の親しい人に勧められたからという4項目が高く負荷しており，この因子に「周囲の勧め」と命名した。第2因子（α =.676）には，「現段階では他に何をしてよいか思いつかないから」など，特に目的を持たないで進学したという意味の3項目が高く負荷しており，「モラトリアム」と命名した。第3因子（α =.609）には，学業やその他の能力を向上させたいからという3項目が高く負荷しており，「能力の向上」と命名した。各因子に.40以上の因子負荷量を持つ項目の合計得点を算出し，下位尺度得点とした。

3.3.2 「ポジティブな自己信念」尺度の構成

「自身についての個人的見解」および「自身の未来についての見解」の2尺度については，両尺度とも項目数が少なく，内容的には自己についての見解としてまとめることが可能であると考えられたため，両者をまとめて因子分析（因子抽出法：最尤法）を行ったところ，Table 3-3に示した通り，自分の将来

Table 3-2 「大学進学動機」尺度の因子分析結果
(因子抽出法：最尤法，プロマックス回転後，因子パターン行列)

No.	項　目	F1	F2	F3	共通性
	第1因子：「周囲の勧め」　α=.752				
1	私の両親が勧めてくれたから	.726	−.112	−.005	.467
5	私の友人もたいてい大学に行ったから	.663	.249	−.186	.643
2	私の先生が勧めてくれたから	.654	−.024	.167	.474
3	私の友人が勧めてくれたから	.614	−.132	.198	.398
	第2因子：「モラトリアム」　α=.676				
8	まだあまり働きたくないから	−.106	.823	.089	.620
10	現段階では他に何をしてよいか思いつかないから	.208	.621	−.142	.549
9	大学のクラブ・サークルでスポーツや音楽の生活にひたりたいから	−.148	.562	.192	.299
	第3因子：「能力の向上」　α=.609				
7	大学で自分の技能や能力をさらに伸ばしたいから	−.037	−.041	.629	.391
6	大学で成功するだけの能力を持っていると思っているから	.173	.017	.595	.419
11	わくわくするような社会生活を過ごしたいから	−.023	.218	.536	.334
4	国家資格，学位，免許状などを取得したかったから	.142	.054	.332	.155

		F1	F2	F3
因子間相関	F1	1.000		
	F2	.441	1.000	
	F3	.151	.028	1.000

を統制できるという信念や将来への期待を示す項目の負荷量が高い1因子構造であることが確認された（$\alpha=.774$）。そこで，Table 3-3において，.40以上の因子負荷量を持つ5項目から構成される尺度を「ポジティブな自己信念」と命名した。

3.3.3 「ストレスフルな状況におけるポジティブ志向」尺度の構成

　大学生活においてストレスを経験すると思われる5領域のストレス度の評定平均値は，高いものから順に，「進路に関すること」5.41，「学業に関すること」4.80，「人間関係に関すること」4.48，「経済（お金）に関すること」4.32，「健康に関すること」3.95となった（Table 3-5）。ストレスの領域を要因とする1要因分散分析を行った結果，主効果が有意（$F(4,480)=22.92, p<.001$）で

Table 3-3 「ポジティブな自己信念」尺度の因子分析結果

No.	項目	F1	共通性
F2	自分の将来を楽しみにしている	.730	.533
S4	人生で起こる出来事を自分でコントロールできると感じている	.671	.451
S3	現在のところ，自分の人生がたどっている方向に満足している	.651	.424
S1	今の自分に満足している	.581	.338
F3	自分の未来の職業生活は充実したものと思う	.561	.315
S5	私は自分がまじめな学生だと思っている	.395	.156
S2	現在の友人やその数に満足している	.157	.025
F1	自分の人生が両親と同じようになったらよいと思う	.073	.005
	寄与	2.064	
	寄与率（%）	41.275	

注）Sは「自身についての個人的見解」，Fは「自身の未来についての見解」の項目。

あり，Ryan法による多重比較の結果，進路＞学業≒人間関係≒経済≒健康，学業＞経済≒健康，人間関係＞健康となった（$Mse=1.60$, $p<.05$）。ただし，評定段階4が「どちらともいえない」，5が「やや感じている」であるから，平均的には本研究の調査対象者のストレス度はあまり高いとはいえないであろう。

次に，5種類の領域に対する回答を込みにして，ストレスフルな状況におけるポジティブ志向を測定する5項目について因子分析（因子抽出法：最尤法）を行ったところ，1因子構造であることが確認された（Table 3-4）。これを「ストレスフルな状況におけるポジティブ志向」と命名し，5項目の合計得点を5領域ごとに算出し，それぞれの下位尺度得点とした。

3.3.4 基礎統計量

ここまでに構成された「大学進学動機」尺度の下位尺度（「周囲の勧め」「モラトリアム」「能力の向上」），「ポジティブな自己信念」尺度，領域別ストレス度，「ストレスフルな状況におけるポジティブ志向」尺度それぞれの基礎統計量（信頼性係数，平均値，標準偏差，最小値，最大値，得点可能範囲）をTable 3-5に示した。

Table 3-4 「ストレスフルな状況におけるポジティブ志向」尺度の因子分析結果

No.	項目	F1	共通性
4	今の状況は良くなっていくだろうと思う	.770	.593
3	今の状況を,自分の努力次第で何とかすることができると思う	.693	.480
5	自分の未来は同じようなことでストレスを感じている他の人の未来よりも良いと思う	.517	.268
1	このストレスは,自分にとって悪いことばかりでなく良いこともももたらすと思う	.414	.172
2	同じようなことでストレスを感じている人の中では,今の自分の状態はまだましな方であると思う	.360	.130
	寄与	1.642	
	寄与率（%）	32.839	

Table 3-5 基礎統計量

	信頼性係数（α）	平均値	SD	最小値	最大値	得点可能範囲
大学進学動機						
周囲の勧め	.752	8.95	3.71	4	17	4～20
モラトリアム	.676	8.76	3.01	3	15	3～15
能力の向上	.609	9.62	2.41	3	15	3～15
ポジティブな自己信念	.774	15.40	3.71	6	23	5～25
ストレス度						
進路に関すること	—	5.41	1.28	2	7	1～7
学業に関すること	—	4.80	1.39	2	7	1～7
人間関係に関すること	—	4.48	1.54	1	7	1～7
経済（お金）に関すること	—	4.32	1.63	1	7	1～7
健康に関すること	—	3.95	1.58	1	7	1～7
ストレスフルな状況におけるポジティブ志向						
進路に関すること	.787	23.27	4.40	5	35	5～35
学業に関すること	.716	23.71	3.94	9	35	5～35
人間関係に関すること	.702	20.96	4.51	6	34	5～35
経済（お金）に関すること	.647	22.41	4.22	5	35	5～35
健康に関すること	.613	20.93	4.31	8	35	5～35

3.3.5 大学進学動機,ポジティブな自己信念,ストレス度,ポジティブ志向の相互相関

大学進学動機とポジティブな自己信念との相関

まず,「大学進学動機」の下位尺度と「ポジティブな自己信念」との相関(Pearsonのr)を算出した(Table 3-6)。「能力の向上」と「ポジティブな自己信念」との間には中程度の有意な正の相関が見られたが,「周囲の勧め」,「モラトリアム」と「ポジティブな自己信念」との間には関連が見られなかった。

大学進学動機ならびにポジティブな自己信念とストレス度との相関

次に,「大学進学動機」,「ポジティブな自己信念」と,5つの領域におけるストレス度との相関(Pearsonのr)を求めた(Table 3-7)。大学進学動機との関連においては,「モラトリアム」動機と,3つの領域におけるストレス度およびストレス度の合計との間に高くはないが有意な正の相関が見られた。これは,明確な動機を持たないまま進学することと大学生活でのストレスとの間に関連性があることを示唆している。他方,「ポジティブな自己信念」とスト

Table 3-6 大学進学動機の各因子とポジティブな自己信念との相関

	大学進学動機		
	周囲の勧め	モラトリアム	能力の向上
ポジティブな自己信念	.004	−.139	.355**

**$p<.01$

Table 3-7 大学進学動機,ポジティブな自己信念とストレス度との相関

ストレス度	大学進学動機			ポジティブな自己信念
	周囲の勧め	モラトリアム	能力の向上	
進路に関すること	.202	.203*	−.101	−.267**
学業に関すること	.100	.152	−.176	−.465**
人間関係に関すること	.102	.249**	.065	−.250**
経済(お金)に関すること	−.154	.204*	.070	−.079
健康に関すること	.031	.084	.116	−.114
ストレス度の合計	.107	.274**	.005	−.349**

**$p<.01$,*$p<.05$

レス度との間には，3つの領域で有意な負の相関が見られ，特に「学業」においてその関連性が強かった（−.465）。また，「ポジティブな自己信念」とストレス度の合計との間にも有意な負の相関が見られた。

大学進学動機ならびにポジティブな自己信念とストレスフルな状況におけるポジティブ志向との相関

大学進学動機ならびにポジティブな自己信念と，5つの領域のストレスフルな状況におけるポジティブ志向との相関（Pearsonのr）を求めた。Table 3-8に示されるように，特に「進路」と「学業」の2領域のストレスフルな状況におけるポジティブ志向は，「能力の向上」動機および「ポジティブな自己信念」と密接な関連が見られた。

3.3.6 共分散構造分析によるモデルの検討

以上のような単相関の分析は，2つの指標間の関連性を示すだけで，両者の因果性を示すものではないこと，多くの指標の相互関係を示すものではないことの2点から，解釈できることの限界が大きい。そこで，「大学進学動機」「ポジティブな自己信念」「ストレスフルな状況におけるポジティブ志向」の関係を共分散構造分析によるモデル構成を試みることによって検討した。分析にあたっては，各尺度の下位尺度得点を観測変数として用い，統計パッケージAmos 4.0を使用して行った。結果をFigure 3-1に示す。モデルの適合度について見ると，GFIとCFIの値は十分だがAGFIとRMSEAの値はやや不十分かも

Table 3-8 大学進学動機，ポジティブな自己信念とストレスフルな状況におけるポジティブ志向との相関

ストレスフルな状況における ポジティブ志向	大学進学動機			ポジティブな 自己信念
	周囲の勧め	モラトリアム	能力の向上	
進路に関すること	.027	.009	.444**	.529**
学業に関すること	.021	−.023	.446**	.605**
人間関係に関すること	.063	−.012	.042	.330**
経済（お金）に関すること	.243**	.170	.209*	.180*
健康に関すること	.008	.076	.087	.169

**$p<.01$, *$p<.05$

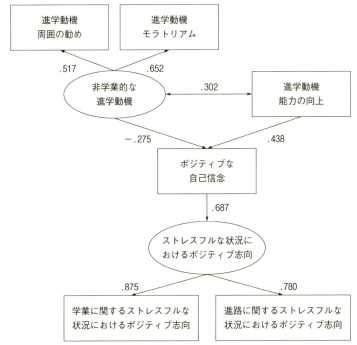

**Figure 3-1 大学進学動機，ポジティブな自己信念，ストレスフルな状況における
ポジティブ志向の関係**

注1) $\chi^2(7) = 18.803$, $p = .009$, GFI $= .953$, AGFI $= .859$, CFI $= .933$, RMSEA $= .120$ ($n = 121$)
注2) 図中の係数は，「非学業的な学業動機」⟷「進学動機・能力の向上」，「非学業的な学業動機」→「ポジティブな自己信念」については$p < .10$で，その他の係数については$p < .05$で有意であった。
注3) 誤差変数は省略した。

しれない。しかし，全体的に見ると一応十分な適合度を持ったモデルと判断できる。

　Figure 3-1 から，「進学動機」が「ポジティブな自己信念」を介して学業・進路に関するストレスフルな状況におけるポジティブ志向に影響するという流れが示唆された。「周囲の勧め」および「モラトリアム」という消極的で非学業的な進学動機は「ポジティブな自己信念」と負の関連を持っている。これに対し，「能力の向上」という積極的な進学動機は「ポジティブな自己信念」と正の関連を持つ。そして，「ポジティブな自己信念」は，様々な領域のストレ

スの中でも特に学業・進路に関する状況におけるポジティブ志向と正の関連を持っているということが明らかになった。すなわち，進学動機が直接に「ストレスフルな状況におけるポジティブ志向」に関連するのでなく，「ポジティブな自己信念」の形成を介して関連しているというプロセスが示唆されたのである。

第4節 考　察

　最終的に採用されたモデル（Figure 3-1）に基づき，進学動機，ポジティブな自己信念，ストレスフルな状況におけるポジティブ志向の関連について考察する。

　最終的に採用されたモデル（Figure 3-1）より明らかになったことは以下の通りである。進学動機とポジティブな自己信念との関連については，「能力の向上」という積極的な進学動機と，ポジティブな自己信念との間には正の関連が見られた。「周囲の勧め」と「モラトリアム」は「非学業的な進学動機」としてまとめられ，非学業的な進学動機とポジティブな自己信念との間には負の関連が見られた。そして，ポジティブな自己信念と，学業・進路に関するストレスフルな状況におけるポジティブ志向との間には正の関連が見られた。つまり，進学動機はポジティブな自己信念を介して，学業・進路に関するストレスフルな状況におけるポジティブ志向と関連していたのである。

　多様な大学進学動機を持って入学してくる学生が大学生活の中で遭遇する様々なストレス（特に学業・進路に関するストレスフルな状況）に対処する際に「ポジティブな自己信念」を仲介してポジティブ志向を形成するということが，本研究から得られた最も重要な結果であろう（Figure 3-1）。単相関のデータ（Table 3-6，3-7，3-8）からは大学進学動機と大学生活におけるストレスの対処のあり方が直接に結びつくように見えるかもしれないが，むしろ「ポジティブな自己信念」を仲介して結びついているということを示したことは，共分散構造分析によるモデル化の手法によってはじめて可能になったのであり，この手法が有効であったことを示唆している。大学進学動機は高校までや高校卒業後の受験生活の中で形成されるものであり，それが大学入学後のス

トレスへの対処のあり方に直接に結びつくと考えるよりは,「能力の向上」を進学動機とすることが「ポジティブな自己信念」と結びつき,それがストレスフルなイベントに遭遇した時に状況に対するポジティブ志向をもたらすと考える方がより妥当であろう。

Figure 3-1 において,非学業的な進学動機(「周囲の勧め」と「モラトリアム」)は「ポジティブな自己信念」とは低い負の関連($-.28$, $p<.10$)があり,非学業的な進学動機と「能力の向上」とは低い正の関連($.30$, $p<.10$)が見られたことにも注意しなければならない。後者は,非学業的な進学動機と「能力の向上」動機が二律背反ではなく,個人の中で共存し得るものであることを示唆している。このことも大学進学動機の多様性の現れの1つとして解釈すべきことかもしれない。

また,本研究においては,進学動機がポジティブな自己信念と結びつき,それが「進路」「学業」というストレスフルな状況におけるポジティブ志向と関連するという結果が得られたが,Figure 3-1 においては,「人間関係」「経済(お金)」「健康」という他の領域のストレスはこの枠組みの中に入っていないことが明らかになった。単相関のデータ(Table 3-8)からも,「人間関係」「健康」に関するストレスフルな状況におけるポジティブ志向と進学動機についてはほとんど有意な相関が見られず,ポジティブな自己信念との相関も低い。このことから,進学動機やストレスに領域固有性があるのではないかということが考えられる。この点も今後解明を要する大きな問題であろう。

第5節　本章のまとめ

本章では,大学への進学動機とポジティブな自己信念が,大学生活の中心的なストレスと考えられる学業や進路に関するストレスフルな状況におけるポジティブ志向にどのように関連しているかを,共分散構造分析によるモデル化を行い検討した。その結果,積極的な進学動機(能力の向上)はポジティブな自己信念と正の関連を持ち,消極的で非学業的な進学動機(モラトリアム,周囲の勧め)はポジティブな自己信念と負の関連を持つこと,そしてポジティブな自己信念と,学業や進路に関するストレスフルな状況におけるポジティブ志向

とは正の関連を持つという媒介的なプロセスが存在することが明らかになった。

　本章の結果は，学業や進路に関するストレスフルな状況におけるポジティブ志向の現れ方に関連する要因を明らかにしたという点で意義のあるものと考えられる。また，本章の結果は，教育的にも重要な示唆を与えるものである。本章の結果からは，消極的で非学業的な進学動機は，学生のポジティブな自己信念につながらず，その結果，学業および進路ストレスに対するポジティブ志向に結びつかないことが示唆された。このことの意味は，（1）大学生のストレスへの認知的対処が必ずしも大学入学後の問題でなく，大学進学動機にまでさかのぼってみる必要があること，および（2）学生支援・学生サービスにおいて学業ストレスや進路ストレスへの対処を考える場合に，学生自身のポジティブな自己信念の向上というプロセスが重要であることを示唆している。ゆえに，学生指導，学生支援の際には，学生がポジティブな自己信念を持っているかどうか，持っていないとしたらどのようにしてポジティブな自己信念を学生の中に形成し得るか，という視点が重要であることを本研究の結果は示唆している。学習支援における学習キャリア支援，および，進路支援におけるキャリアサポートは，今後大学にとってさらに重要な活動になっていくことが予想される。その時，大学への進学動機の形成過程とポジティブな自己信念の有無は，支援活動を実施するうえできわめて重要な問題となるだろう。

　今後の課題は以下の通りである。

　まず本研究の調査対象者のサンプリング上の問題について述べたい。本研究は，学力的に優れた学生の多い「高度に競争的（highly competitive）」な大学の1つに属する学生対象の調査であり，ストレスの強さも全般的に低かったと考えられ（Table 3-5），このサンプルだけでは論議を深めるデータとして十分であるとは言えないかもしれない。今後，より多様なサンプルを集めて検討していく必要がある。

　また，モラトリアムや不適応の状態にある学生を質問紙調査法で調べるのは限界や制約が大きいと考えられる。特に，本研究では，授業時間に調査用紙を配布する手続きをとったが，この手続きでは「授業からの逃避」を行っている学生を捕捉することが十分に行えない。仮に授業時間で捕捉できたとしても，

質問紙調査法で彼らの抱えている問題をどの程度十分に捉えることができるかについては，疑問が残る。

　また，仮想的なストレスフルイベントについてではなく，卒業論文や修士論文の作成，大学院進学試験の準備，就職活動など，学生にとって死活的に重要なイベントとの関連で調査することが不可欠であろう。また，第2章（研究1）において，深刻性が高く，かつ現実性と経験率がともに高いストレスフルイベントにおける検討が必要であることが示唆されたことから，第4章（研究3），第5章（研究4）においては，学生が遭遇する重要なストレスフルイベントとして卒業論文作成を取り上げ，実際に卒業論文作成というストレスフルイベントに直面している大学生を対象に検討を行う。

第4章

大学生の卒業論文作成時におけるポジティブ志向の現れ方と精神的健康の関連（1）
──提出期限1ヶ月前における検討──（研究3）

第1節 問　題

　第2章（研究1），第3章（研究2）にて，ストレスフルイベントにおけるポジティブ志向の現れ方に関わる要因を検討したが，第2章，第3章で検討したポジティブ志向は，仮想場面を用いてストレスフルイベントに遭遇した状況を想定させたものである。しかし，ストレスフルイベントにおけるポジティブ志向の役割を検討するにあたっては，仮想場面を用いた検討のみならず，実際にストレスフルイベントに直面している者を対象とした検討が必要不可欠であろう。そこで本章では，大学生が直面する学業に関する重要性の高いストレスフルイベントとして，卒業論文の作成を取り上げる。

　現在，日本の大学では，卒業の要件として卒業論文あるいは卒業研究（以下，「卒業論文」と述べる）を課す場合が多い。読売新聞社が2009年に国内の4年制大学529校を対象に行った「大学の実力　教育力向上の取り組み」調査によると，全体の51％，272校が全学で卒業論文を必修としていると回答したという結果が得られている（読売新聞，2010年3月19日）。全く実施していないという大学は国立ではゼロ，私立ではわずか12％に過ぎず（読売新聞，2010年3月19日），現在は大学卒業に際して卒業論文を課すことがかなり一般的であるといえる。

　卒業論文，およびそれを作成する過程は，学生にとって重要な意味を持つ。卒業論文作成の過程において，学生は入学以来様々な授業で学んだ事柄を自分なりに総合して，自分が設定した問題にあてはめ，自分なりの解決を与えるという手順を踏むことが必要とされる（栩木，1995）。学生にとっては，既に答えがあることを受身的に学ぶ「勉強」ではなく，自ら問いを立てて自らその問いを解決していくという「研究」に取り組む機会であるといえる。このような課題に取り組むのは，多くの学生にとってははじめての経験である。また，卒業論文は卒業要件にもなり，必修の場合は卒業論文を仕上げなければ卒業できない。さらに，卒業論文は一般的に1年前後の長い期間をかけて取り組むものである。以上のことから，卒業論文は大学4年間の学びの集大成と称される（白井・髙橋，2008）。それゆえに，学生にとっては大変困難な経験にもなり，ス

第1節 問 題

トレスフルイベントにもなり得ると考えられる。それを裏づけるかのように，卒業論文の具体的な書き方や心構えについて述べられた書籍も多数存在する (e.g., 白井・高橋, 2008；栩木, 1995)。

そもそもストレスフルイベントとは，「個人に新しい適応行動や対処行動を必要とさせるような出来事であり，それまでの生活様式に重大な変化をもたらすような出来事」(坂野, 1999) と定義される。ストレスフルイベントは，予測が困難である，不確実である，コントロールが難しいなどの特徴を持つ (Lazarus & Folkman, 1984)。この点から卒業論文作成というイベントの特質を検討すると，まず，入学した時から卒業論文を作成する必要があるということを学生は知っているため，予測が困難であるとはいえない。また，提出期限が決まっており，期限までに卒業論文を完成させて提出すれば，イベントすなわちストレスフルな状況も終了するということから，いつストレスフルな状況が終了するかが不明である状況と比較すると，不確実であるとはいえない。しかし，多くの学生にとっては「研究」に取り組むのははじめてであるゆえ，新しい適応行動や対処行動を必要とする出来事であるということ，しかも長期にわたって取り組むものであるため，完成までの見通しが立てにくく不確実であること，また，それゆえにコントロールが困難であるということから，卒業論文はストレスフルイベントとしての特質の一部を有していると考えられる。

ストレス研究においては，同種のストレスフルイベントに直面しても，どのような反応が生じるかはそれぞれ異なり，ストレス反応の生起には，ストレスフルイベントに対してどのような認知を行うかということが大きな影響を与えるということが指摘されている (Lazarus & Folkman, 1984)。中でも，自己や状況に対してポジティブな認知を行うことは，ストレス反応を緩和し，健康を維持するうえで重要な意味を持つことが指摘されている。本研究では，このような自己や状況に対するポジティブな認知を「ポジティブ志向」(positive orientation) として扱う。

Taylor & Armor (1996) は，ストレスフルな状況においては，そうでない状況よりも，ポジティブな認知が特に明白に現れ，それは精神的健康を維持，高揚するための重要な資源として働くことを指摘している。第2章（研究1）では，学業や職業に関するストレスフルイベントにおいては，ほかの領域のス

トレスフルイベントよりも，他者や想定される悪い事態との比較によって，ストレスフルイベントに直面した時点の自己や状況をポジティブに認知することが行われやすいということが示唆された。また，第3章（研究2）では，ポジティブな自己信念が，学業や進路に関するストレスフルな状況におけるポジティブ志向と正の関連を持つことが明らかになった。このことから，学業に関するストレスフルイベントの1つである卒業論文作成においても，自己や状況に対するポジティブ志向が現れやすく，また精神的健康の維持，高揚に重要な役割を果たす可能性が高いといえる。ただし，第2章（研究1）および第3章（研究2）は仮想場面を用いて検討したものであるため，実際の場面においてはどのようであるかということについては未だ明らかではない。また，卒業論文の重要性やその作成に伴う困難が世間に広く認知されているにもかかわらず，学生自身が卒業論文作成時の自己や作成状況をどのように認知しているかに関する実証的な検討は，これまでほとんどなされていない。これらを実証的に検討することは，効果的な学生指導および学生支援を考えるうえできわめて重要であると考えられる。

さらに，検討する必要があるのが，ポジティブ志向の現れ方とストレスフルイベントへの意味づけとの関係である。この点に関して，Taylor（1989）は，ポジティブ幻想の現れ方は状況の重要性によって異なると主張している。また，Greenwald（1981）は，自己高揚バイアス（自己にとって肯定的な意味を持つように現象を解釈したり説明したりするようなバイアスのことであり，ポジティブ幻想の概念の中に含まれると考えられる）は，状況の重要性が増大するにつれて，より目立ったものとなると主張している。よって，ポジティブ志向の現れ方も状況の重要性に影響を受けることが考えられる。卒業論文作成という場面で考えてみると，状況の重要性は，卒業後に予定している進路によって異なると考えられる。大学院への進学を予定している場合，進学のための審査要件として卒業論文が必要になる場合も多い。卒業論文提出前に進学が既に内定している場合でも，卒業論文は進学後の研究を進めるにあたって重要な位置を占める。一方，就職を予定している場合は，たいていの場合，卒業論文は卒業要件としてのみの意味しか持たず，卒業したあとは卒業論文で扱った内容と直接関係のない職業に携わる場合が多い。このようなことを考慮すると，卒業

第1節 問　題

後に予定している進路の違いによって，ポジティブ志向の現れ方が異なるということが予想される。

以上の問題を踏まえ，本研究は，第1に，卒業論文作成というストレスフルイベントにおける，自己や状況に対するポジティブ志向の現れ方を検討することを目的とする。ポジティブ志向の現れ方は，自己および状況に対するポジティブ志向を測定する尺度により測定する。まず，自己に対するポジティブ志向は，自己認知と平均的な学生に対する認知を比較することにより測定する。この方法は，外山・桜井（2000，2001）等の先行研究で用いられている方法に基づいており，自己を他者よりもポジティブにみなす傾向が見られるかどうかを検討するという点で，現実をポジティブな方向に歪めた認知であるポジティブ幻想の現れ方を検討するものである。状況に対するポジティブ志向については，第2章（研究1）および第3章（研究2）を踏まえ，卒業論文作成という場面に特化した「現実のポジティブな面を強調するような，必ずしも現実に基礎を置いていない」（Brown, 1993）認知のあり方を反映する尺度項目を独自に作成する。

また，卒業論文の意味づけの違いによるポジティブ志向の現れ方の違いを検討するため，就職を希望（内定）しているか，進学を希望（内定）しているかによるポジティブ志向の現れ方の違いを検討する。そのため，調査対象者には卒業後に希望する進路をあわせて問う。

第2の目的は，卒業論文作成におけるポジティブ志向の現れ方と精神的健康の関係を検討することである。精神的健康の指標としては，その指標として広く用いられているものの1つである抑うつを取り上げることとし，抑うつとポジティブ志向との関連を探る。

なお，文系学部と理系学部とでは，卒業論文（卒業研究）の重要性および作成過程が大きく異なると考えられる。そのことも考慮に入れ，本研究では文系の学生に限定した調査を行う。

第2節 方　　法

調査対象者

　関西地方の国立・私立大学に在籍する，卒業論文執筆中の大学4年生43名（21歳〜31歳，平均年齢23.05歳，$SD=2.41$）に調査を実施した。その内訳は，男性14名（22歳〜31歳，平均年齢24.07歳，$SD=2.92$），女性29名（21歳〜29歳，平均年齢22.52歳，$SD=1.95$）であった。調査対象者の所属学部は，文系分野の学部（教育学部，文学部が中心）であった。

質問紙の構成

　デモグラフィック変数（年齢，性別，学部，学科，学年）についての質問のあと，次の内容について，（1）〜（7）の順序で提示した。

　（1）2003年4月以降の進路：「就職が内定している」「大学院進学が内定している」「未定：2003年2月に行われる大学院入試（2003年度入学）を受験予定」「未定：2003年夏〜秋・2004年2月に行われる大学院入試（2004年度入学）を受験予定」「未定：就職活動を継続する予定」「その他」の中から当てはまるものを1つ選択させた。

　（2）卒業論文作成の重要性：「卒業論文を作成することは，今のあなたにとってどのくらい重要な出来事ですか」という質問に，7段階で評定を求めた（1点：「全然重要でない」〜7点：「非常に重要である」）。

　（3）卒業論文作成の深刻性：「卒業論文を作成することは，今のあなたにとってどのくらい深刻な出来事ですか」という質問に，7段階で評定を求めた（1点：「全然深刻でない」〜7点：「非常に深刻である」）。

　（4）卒業論文作成のストレス度：「卒業論文を作成することは，今のあなたにとってどのくらいストレスを感じる出来事ですか」という質問に，7段階で評定を求めた（1点：「全然感じない」〜7点：「非常に感じる」）。なお，「ストレス」の意味するところとして，「ストレスとは，周囲の状況や環境から影響を受けて，抑うつ・不安・イライラなど不快な気持ちを長く感じている状態のことを指します」との説明をあわせてつけた。

（5）自己認知：長島・藤原・原野・斎藤・堀（1967），桑原（1991）を参考に，自己記述に際して用いる特性語を8項目選定し，「自己認知尺度」と命名した（Table 4-1）。それぞれの特性語に対して，「同学部で同じように卒業論文を書いている平均的な学生と自分とを比較して，次のようなことにあなた自身がどのくらいあてはまると思いますか」と相対的な比較による評定を求めた。各項目について7段階で評定を求めた（1点：「全然あてはまらない」～7点：「非常にあてはまる」。4点は「同学部の学生と同じくらい」）。ポジティブな自己認知をしているほど高得点になるように得点化した。

（6）卒業論文作成に対する認知：卒業論文作成というストレスフルイベントに対する認知を測定するため，本研究において独自に項目を作成した。Taylorらによるストレスフルイベントに直面している者を対象とした先行研究（e.g., Taylor, 1983; Taylor, Lichtman, & Wood, 1984; Taylor, Kemeny, Aspinwall, Schneider, Rodriguez, & Herbert, 1992）を参考にして作成された研究1（第2章），研究2（第3章）の尺度項目を参考に，卒業論文作成という場面に特化した12項目を設定し，これを「卒業論文に対する認知尺度」と命名した（Table 4-2）。この12項目について「卒業論文をめぐる自分自身や周りの状況に対して，次のような考え方をどのくらいしていますか」の教示のもと，各項目に7段階で評定を求めた（1点：「全然あてはまらない」～7点：「非常にあてはまる」）。卒業論文作成に対してポジティブな認知をしているほど高得点になるように得点化した。

（7）抑うつ：Zung（1965）の作成したSDS（Self-rating Depression Scale）の日本語版（福田・小林，1973）20項目を用いた。4段階評定（1点：「ない・たまに」，2点：「ときどき」，3点：「かなりのあいだ」，4点：「ほとんどいつも」）で，抑うつが強いほど高得点となる。

調査時期

調査時期は2002年12月であった。なお，調査対象者の卒業論文の提出期限は2003年1月中旬であったため，調査を行った時期は提出期限の約1ヶ月前にあたる。

調査手続き

以上の内容から構成される質問紙を個別に配布し，後日回収した。調査にあたっては，個人のプライバシーは保護されること，調査への参加は自由意思によるものであることが，フェースシートにて確認された。

第3節　結　　果

4.3.1　卒業論文作成というイベントの性質

卒業論文作成というイベントの性質について，調査対象者全員の平均値を算出したところ，重要性の平均値が6.28（$SD=.77$），深刻性の平均値が5.56（$SD=1.50$），ストレス度の平均値が5.30（$SD=1.70$）といずれも高得点であった。特に重要性については，4点以下の者はおらず，全員が5点（「やや重要である」）以上であり，今回の調査対象者にとって，卒業論文作成が重要なこととして位置づけられていることが確認された。

4.3.2　自己認知尺度の構成

自己認知尺度8項目に対して因子分析を行った（因子抽出法：重みなし最小二乗法，プロマックス回転）。結果をTable 4-1に示す。固有値の推移と解釈可能性から，2因子解が適当であると判断された。第1因子（$\alpha=.788$）は，「意欲的な」「積極的な」などの項目が高く負荷しており，「積極的自己」と命名した。第2因子（$\alpha=.650$）は，「楽観的な」「前向きな」「自信を持っている」の3項目が高く負荷しており，「楽観的自己」と命名した。各因子に属する項目の合計得点を下位尺度得点とした。

4.3.3　卒業論文に対する認知尺度の構成

卒業論文に対する認知尺度12項目に対して因子分析を行った（因子抽出法：重みなし最小二乗法，プロマックス回転）。固有値の推移と解釈可能性から，2因子解が適当であると判断された。結果をTable 4-2に示す。第1因子（$\alpha=.832$）には，「卒業論文の作成がうまく進まない時があると落ち込んでしまう」など，主に卒業論文作成をネガティブに捉えている項目が高く負荷しており，

Table 4-1 自己認知尺度の因子分析結果（因子抽出法：重みなし最小二乗法，プロマックス回転後，因子パターン行列）

No.	項目	F1	F2	共通性
	第1因子：「積極的自己」 $\alpha=.788$			
1	意欲的な	.903	−.084	.756
4	積極的な	.826	−.028	.663
3	意志の強い	.648	.052	.452
2	あきらめの早い*	.517	−.179	.218
6	無気力な*	.496	.140	.327
	第2因子：「楽観的自己」 $\alpha=.650$			
8	楽観的な	−.278	.767	.479
7	前向きな	.348	.662	.762
5	自信を持っている	.019	.489	.247
	因子間相関	.439		

注）*は逆転項目。

Table 4-2 卒業論文に対する認知尺度の因子分析結果
（因子抽出法：重みなし最小二乗法，プロマックス回転後，因子パターン行列）

No.	項目	F1	F2	共通性
	第1因子：「卒業論文に対するネガティブな認知」 $\alpha=.832$			
9	卒業論文の作成がうまく進まない時があると落ち込んでしまう*	.843	−.318	.575
6	期限に間に合うように提出できないのではないかと不安である*	.673	.276	.693
4	テーマの設定がこれでよかったのか自信がない*	.672	.024	.466
2	卒業論文を書かなくても卒業できる学部の人がうらやましい*	.620	−.222	.312
11	他の人の卒業論文の進行状況が気になる*	.597	.034	.376
3	卒業論文を期限に間に合うように提出できると思う	.493	.378	.550
5	私の卒業論文作成の進行状況は順調だと思う	.465	.271	.401
	第2因子：「卒業論文に対するポジティブな認知」 $\alpha=.763$			
12	卒業論文を作成することは私を人間的に成長させる機会であると思う	−.333	.813	.533
8	私はよい卒業論文を書き上げられると思う	.070	.790	.677
7	卒業論文を私の努力次第で完成させることができると思う	−.098	.588	.305
10	卒業論文の完成を妨げるような出来事は起こらないと思う	.224	.516	.418
1	卒業論文は私の糧になると思う	−.004	.515	.263
	因子間相関	.442		

注）*は逆転項目。

これを「卒業論文に対するネガティブな認知」と命名した（ポジティブな項目も2項目含まれているが，全体的にネガティブな認知を表す項目が多いことから，このように命名した）。第2因子（α = .763）には，「卒業論文を作成することは私を人間的に成長させる機会であると思う」など卒業論文をポジティブに捉えている項目が高く負荷しており，これを「卒業論文に対するポジティブな認知」と命名した。全体的に見て，「卒業論文に対するネガティブな認知」の項目群は，「卒業論文に対するポジティブな認知」の項目群よりも，卒業論文提出が近づくにつれてより強まるであろう認知を反映しており，「卒業論文に対するポジティブな認知」は，卒業論文作成をより広い視野から捉えている認知を反映しているという結果が得られた。

「卒業論文に対するポジティブな認知」「卒業論文に対するネガティブな認知」の各因子に属する項目の合計得点を下位尺度得点とした。なお，逆転項目については項目を反転させたうえで得点化しているため，「卒業論文に対するネガティブな認知」得点については，高得点であるほど「卒業論文に対してネガティブな認知をしていない」ということを，低得点であるほど「卒業論文に対してネガティブな認知をしている」ということを意味している。

4.3.4 基礎統計量

各下位尺度の基礎統計量をTable 4 - 3に示す。なお，抑うつ尺度については，

Table 4 - 3　基礎統計量

	信頼性係数（α）	平均値	SD	最小値	最大値	得点可能範囲
卒業論文作成の重要性	—	6.28	.77	5	7	1～7
卒業論文作成の深刻性	—	5.56	1.50	1	7	1～7
卒業論文作成のストレス度	—	5.30	1.70	1	7	1～7
積極的自己	.788	22.30	5.14	11	35	5～35
楽観的自己	.650	12.33	3.38	6	20	3～21
卒業論文に対するネガティブな認知	.832	28.00	9.27	8	49	7～49
卒業論文に対するポジティブな認知	.763	24.47	5.35	11	35	5～35
抑うつ	.857	42.49	9.55	24	62	20～80

先行研究（福田・小林，1973）にならい，20項目の合計得点を抑うつ得点とした。

4.3.5 自己に対するポジティブ志向の現れ方

自己認知尺度については，他者と比較したうえでの自己認知について評定を求めている。尺度上の中点（＝4点）は，「同学部で同じように卒業論文を書いている平均的な学生と同じくらい」に自己を認知していることを表す。ゆえに，尺度上の中点と実際の評定値との差は，他者に対して自己をどの程度ポジティブ（あるいはネガティブ）に評価しているかということを示す。そこで，調査対象者全員の「積極的自己」「楽観的自己」得点の平均値について，t検定により，実際の評定値と尺度上の中点との比較を行った。その結果，「積極的自己」については，実際の評定値が尺度上の中点（20点）よりも有意に高いことが示された（$t(42) = 2.94$, $p < .01$）。「楽観的自己」については，実際の評定値と尺度上の中点（12点）との差は有意でなかった（$t(42) = .63$, $n.s.$）。ゆえに，「積極的自己」の側面においてのみ，自己を他者よりもポジティブにみなす傾向が現れていたことが明らかになった。

4.3.6 卒業後の希望進路によるポジティブ志向の現れ方の違い

次に，調査対象者を，卒業後に希望する進路によって，進学予定群（20名；進学内定4名，大学院入試受験予定16名）と，就職予定群（23名；就職内定13名，就職活動継続予定10名）の2群に分類した。各群の評定値の平均値をTable 4-4に示す。

それぞれの群において，自己を他者よりもポジティブに認知する傾向が見られるかどうかを検討するため，各群の「積極的自己」得点，「楽観的自己」得点について，t検定により，実際の評定値と尺度上の中点の比較を行った。その結果，進学予定群の「積極的自己」についてのみ，実際の評定値が尺度上の中点よりも有意に高得点であるということが示された（$t(19) = 4.34$, $p < .01$）。進学予定群の「楽観的自己」，および就職予定群の「積極的自己」「楽観的自己」については，実際の評定値と尺度上の中点との差は有意でなかった（進学予定群「楽観的自己」：$t(19) = .00$, $n.s.$；就職予定群「積極的自己」：$t(22) = .00$,

Table 4-4 就職予定群, 進学予定群別の各尺度の平均値と標準偏差 (SD)

	就職 (n=23)		進学 (n=20)		F値
	平均値	SD	平均値	SD	
卒業論文の重要性	6.04	.71	6.55	.76	5.140*
卒業論文の深刻性	5.61	1.47	5.50	1.57	.055
卒業論文のストレス度	5.22	1.78	5.40	1.64	.121
積極的自己	20.08	4.22	24.85	4.99	11.485**
楽観的自己	12.60	3.05	12.00	3.76	.342
卒業論文に対するネガティブな認知	28.08	8.12	27.90	10.64	.004
卒業論文に対するポジティブな認知	24.30	5.15	24.65	5.68	.044
抑うつ	41.69	9.33	43.40	9.96	.335

注) **$p<.01$, *$p<.05$. F値の自由度は1/41。

n.s.；就職予定群「楽観的自己」：$t(22)=.96$, n.s.）。ゆえに，自己を他者よりもポジティブにみなす傾向が見られたのは進学を予定している者においてのみであり，しかもそれは積極的自己の側面において，より強く現れているということが明らかになった。

次に，進学予定群と就職予定群における各下位尺度得点を，1要因分散分析によって比較したところ（Table 4-4），「積極的自己」において，進学予定群が就職予定群よりも有意に高得点であった。また，「卒業論文作成の重要性」についても，進学予定群が就職予定群よりも有意に高得点であった。しかし，卒業論文に対する認知については，ポジティブな認知についてもネガティブな認知についても，両群の間に有意な差は見られなかった。

4.3.7 ポジティブ志向と抑うつとの関連

次にポジティブ志向と抑うつとの関連を検討するため，調査対象者全員のデータに対して，「積極的自己」「楽観的自己」「卒業論文に対するポジティブな認知」「卒業論文に対するネガティブな認知」の各得点と抑うつ得点との相関係数（Pearsonのr）を算出した（Table 4-5）。その結果，各得点と抑うつ得点との間には，いずれも中程度～高い負の相関が見られた。この結果より，自己および卒業論文作成に対してポジティブな認知をしている者は抑うつが低

Table 4-5 自己認知・卒業論文に対する認知と抑うつとの関連
(Pearsonのr)

	自己		卒業論文に対する認知	
	積極的	楽観的	ネガティブ	ポジティブ
抑うつ	$-.348^*$	$-.698^{**}$	$-.639^{**}$	$-.379^*$

$^{**}p<.01,\ ^*p<.05$

いということが明らかになり，ポジティブ志向の現れ方と精神的健康との関係が示唆された。なお，4.3.2に記述した理由により，卒業論文に対するネガティブな認知と抑うつ得点との間に負の相関が見られたことについては，卒業論文に対してネガティブな認知をしていないほど抑うつが低いという解釈になる。

第4節 考　察

4.4.1 卒業論文作成場面における，自己に対するポジティブ志向の現れ方

　本研究は，卒業論文作成というストレスフルイベントにおいて，自己に対するポジティブ志向の現れ方を，自己を他者よりポジティブにみなす傾向が現れるかどうかという観点から検討した。その結果，調査対象者全体として自己を他者よりもポジティブにみなす傾向（ポジティブ幻想）が現れていたのは，意欲や積極性を示す「積極的自己」の側面においてのみであった。この理由として，自己を意欲的で積極的な者として認知することは，実際に自らが具体的な行動を起こすために必要となる自己の側面であるからだということが考えられる。また，自分を積極的であるとみなすことは，社会的に評価されやすいからだということも考えられる。卒業論文作成は，作業そのものは1人で進めていくものではあるが，結果として仕上がった卒業論文は，他者の卒業論文と比較されたり，他者に評価を受けたりする。ゆえに，卒業論文を作成している時に，自己認知の中で，よりポジティブに捉えたいと認知されているのが積極的自己の側面ではないかと考えられる。

　これに対して，楽観的に自己を認知することは，積極的に自己を認知することと比較すると，自分の実際の行動とは関係なく認知される側面であると考えられる。また，卒業論文作成場面において，過度に楽観的に自己を認知するこ

とは，実際的な作業を遅らせる可能性があると捉えられたのではないかと考えられる。そのため，楽観的自己の側面については，自己を他者よりもポジティブに捉える傾向が現れなかったのではないかと考えられる。

4.4.2 卒業後の希望進路によるポジティブ志向の現れ方の違い

Table 4-4 に示されるように，進学予定群と就職予定群とで，自己を他者よりもポジティブにみなす傾向（ポジティブ幻想）が見られるか否かを検討した結果，進学予定群の積極的自己の側面においてのみ，自己を他者よりもポジティブにみなす傾向が見られた。卒業論文の重要性の認知においても，進学予定群の方が就職予定群よりも卒業論文を重要であると認知していることをあわせて考察すると，この結果は，ポジティブ幻想の現れ方が状況の重要性によって異なるという先行研究の知見（Greenwald, 1981；Taylor, 1989）に一致した結果であるといえよう。また，積極的自己の側面においてのみ自己を他者よりもポジティブにみなす傾向が現れたのは，進学予定群において，卒業論文作成というイベントが他者と比較される場面であるということがより強く意識されているからであるとも考えられる。それに対して，就職予定群については，他者に関係なく自分が満足できるものを仕上げられればよいと認知されているからであると考えられる。しかし，これらの因果関係は不明であり，進学予定群の者は積極的な自己認知が高いからこそ進学を目指しているという解釈も可能であるため，この点に関してはさらなる検討が必要であろう。

また，状況に対するポジティブ志向，つまり卒業論文に対する認知には両群の間に違いが見られなかった。この理由として，調査の実施が卒業論文提出期限の1ヶ月前という差し迫った時期であったため，卒業論文作成という状況に対する認知には，それほど大きな違いはなかったのではないかということが考えられる。

4.4.3 ポジティブ志向と精神的健康の関係

自己に対するポジティブ志向，および卒業論文作成状況に対するポジティブ志向と抑うつとの間には，いずれも負の相関関係があることが示された。抑うつの低さは精神的健康を示す指標の1つとして考えられる。ゆえに，この結果

は，ポジティブ志向と精神的健康の間には関連があることを示している。ポジティブ志向がストレスフルイベントにおいて精神的健康を維持するための重要な資源である可能性が示唆されたといえるだろう。

　ここで注目すべきは，楽観的自己と抑うつの相関係数の方が，積極的自己と抑うつとの相関係数よりも高いということである（Table 4-5）。この原因として，ストレスと積極的自己の関係と，ストレスと楽観的自己との関係が異なるのではないかということが考えられる。積極的自己については，負荷が加わった時に自分からポジティブな方向にしていこうとする自己の側面であり，ストレスに対する対処資源として高揚された面もあるのではないかと考えられる。これに対して，楽観的自己の側面については，ストレスが加わっているか否かにかかわらず，精神的健康と関わっている側面なのではないかと考えられる。

第5節　本章のまとめ

　本研究は，卒業論文作成というストレスフルイベントにおける，自己や状況に対するポジティブ志向の現れ方および精神的健康との関係を検討した。その結果，意欲や積極性を示す自己の側面においてポジティブ志向が現れていたこと，その傾向は就職を予定している者よりも進学を予定している者において顕著であったこと，また，自己や状況に対するポジティブ志向は抑うつの低さと関連していることが示された。

　本研究の意義は，仮想場面でなく実際にストレスフルイベントを体験している者に対してポジティブ志向の現れ方およびその役割を検討したことである。しかし，本研究にはいくつかの課題が残されている。まず，卒業論文作成に起因するストレスが，調査対象者が現在抱えるストレスのどの程度の割合を占めるのかについての検討が不十分であったことが挙げられる。つまり，抑うつに関連する要因が卒業論文作成に起因するストレスのみであったか否かに関する検討が不十分であった。Taylorらの研究（Taylor, 1983; Taylor et al., 1984; Taylor et al., 1992）では，人生において大きな脅威となるストレスフルイベントを扱っているため，扱われたイベントはその時点の調査対象者にとって最も重要な意味を持つイベントといえるだろう。しかし，今回検討した卒業論文

作成というストレスフルイベントの場合，確かに調査対象者にとって重要なイベントではあるが，人生において大きな脅威となるというレベルのストレスフルイベントではないため，生活の中で遭遇するその他のイベントもストレス源となり，抑うつに影響を与えている可能性がある。よって，調査対象者にとって卒業論文作成がどの程度のストレスをもたらすものとして位置づいているか，他にどのようなストレスフルイベントを抱えており，その中で卒業論文作成というイベントがどのように位置づいているのかという点を詳細に検討することが必要であろう。

さらに，本章においては，卒業論文提出期限1ヶ月前に調査を実施したが，実際の卒業論文作成はその時点よりも以前に起点を置くものであり，自己や状況におけるポジティブ志向がどのような変化を経てきたのかに関する検討が不十分である。そこで，第5章（研究4）では，提出期限半年前と1ヶ月前に調査を行い，ポジティブ志向のあり方および精神的健康との関連を比較検討する。

第5章

大学生の卒業論文作成時におけるポジティブ志向の現れ方と精神的健康の関連（2）
――提出期限半年前と1ヶ月前の比較――（研究4）

第5章 大学生の卒業論文作成時におけるポジティブ志向の現れ方と精神的健康の関連(2)（研究4）

第1節 問　題

　第4章（研究3）においては，実際に大学生が直面するストレスフルイベントとして卒業論文作成を取り上げ，卒業論文提出期限1ヶ月前におけるポジティブ志向の現れ方，およびポジティブ志向と精神的健康との関連を検討した。

　研究3においては，提出期限1ヶ月前の時点においてのみの検討であった。しかし，卒業論文作成およびそれに伴うストレスは，提出期限1ヶ月前からはじまるわけではなく，それ以前に起点を置くものである。よって，提出期限1ヶ月前より以前の時点との比較が必要であろう。卒業論文作成において特に重要となる時期は，提出期限1ヶ月前（晩秋から初冬にかけて）の他に，夏季休暇前の時点があると考えられる。夏季休暇前は，自分なりの問いを設定し，研究計画を立てることが必要であり，研究の土台をつくる時期である。また，夏季休暇は1ヶ月半から2ヶ月という長期にわたり，その間は比較的自由に使える時間が多くとれることから，この期間を有効に過ごす方法を考えねばならない。このことから，白井・高橋（2008）では「夏休みまでが勝負」と述べられているほど，夏季休暇前の時点は卒業論文作成において重要な時期の1つであると考えられる。他方，晩秋から初冬にかけては，これまでに自分なりに調べたことをまとめて，卒業論文という1つのまとまった形に仕上げる時期である。提出期限も近づき，作成に伴うストレスもより強く感じられる時期であろう。本研究においては，夏季休暇前である7月と，提出期限の1ヶ月前である12月の2つの時点に注目し，それぞれの時点でのポジティブ志向の現れ方，およびポジティブ志向と精神的健康との関連のあり方の比較を行う。

　また，研究3においては，状況に対するポジティブ志向について，卒業論文作成という場面に特化した「現実のポジティブな面を強調するような，必ずしも現実に基礎を置いていない自己観・世界観」を表す尺度項目を独自に作成することにより測定した。しかし，そもそもこれまで卒業論文作成時の学生を対象とした実証的検討がほとんどなされていないため，研究者側が作成した尺度項目だけでは，学生が卒業論文作成に対してどのように認知しているかを十分に捉えられていない可能性がある。

以上の問題を踏まえ，本研究においては，夏季休暇前（7月）および提出期限1ヶ月前（12月）の2つの時点において，大学生が卒業論文作成時の自己，および卒業論文作成状況をどのように認知しているかを比較検討することを第1の目的とする。特にポジティブ志向の現れ方に注目する。自己に対するポジティブ志向，卒業論文作成状況に対するポジティブ志向のいずれについても，研究3と同様の方法で，尺度を用いて測定する。さらに，学生が卒業論文作成のどのような面に楽しさと苦しさを感じているかについて，より具体的かつ多面的に捉えるために，自由記述方式による回答を求めて，探索的に検討する。

　また，第2の目的として，卒業論文作成場面において，どのような自己認知および状況に対する認知が精神的健康と関係するのかを，夏季休暇前（7月）および提出期限1ヶ月前（12月）の2つの時点において，検討する。精神的健康の指標としては，研究3と同様，その指標として広く用いられているものの1つである抑うつを取り上げる。

　なお，専攻する分野，領域によって卒業論文の作成過程は大きく異なると考えられる。研究3では文系の学生に限定したが，文献検討を中心に行う場合と，実験や調査，フィールドワークなどを中心に行う場合とではその作成過程は大きく異なるであろう。本研究においては，さらに調査対象を限定し，実験や調査により卒業論文を執筆する場合が多いと考えられる心理学専攻の学生を対象に調査を行う。

第2節　方　　法

調査対象者，および調査手続き

　2004年〜2008年（2005年は実施せず）の，それぞれ7月と12月に，国立K大学教育学部（教育心理学系），および文学部（心理学専修）の4年生を対象に質問紙調査を実施した。調査対象者の卒業論文の提出期限は翌年1月中旬であり，7月は提出期限の6ヶ月前，12月は提出期限の1ヶ月前にあたる。なお，調査にあたっては，個人のプライバシーは保護されること，調査への参加は自由意思によるものであることが，フェースシートにて確認された。

　具体的な手続きは以下の通りである。教育学部学生については，7月初旬，

教育心理学系の4年生全員（各年度約25名[1]）が履修する授業内で調査への参加を依頼し，調査用紙と12月時調査への参加同意書を配布した。調査対象者は授業後の任意の時間に調査への回答を行った。回答済みの調査用紙と参加同意書は，指定の場所に設置した回収箱への投函によって回収された。文学部学生については，7月初旬，文学研究科所属の大学院生の協力を得て，専修内の連絡用メーリングリストを通じて調査を依頼し（4年生は各年度約25名[1]），協力の意思を示した学生に，直接または郵送にて調査用紙と12月時調査への参加同意書を配布した。調査用紙と参加同意書は，回収箱への投函，または郵送によって回収された。12月初旬に，参加同意書を提出した参加者について，郵送または連絡用レターケースにより調査への継続参加を依頼し，調査用紙を配布した。回答済みの調査用紙は，回収箱への投函，または郵送によって回収された。

本章では，7月時と12月時の両方の調査に回答した調査対象者を分析の対象とした。この条件にあてはまる調査対象者は31名であった（2004年11名，2006年10名，2007年5名，2008年5名）。単年度での調査対象者数が少数であったことから，本章では年度をまとめて分析を行う。調査対象者の7月時における平均年齢は21.94歳（21歳〜28歳，$SD=1.59$）であり，性別の内訳は，男性9名（平均年齢21.89歳，$SD=1.69$），女性22名（平均年齢21.95歳，$SD=1.59$）であった。専攻分野については，基礎系・実験系心理学が14名（文学部7名，教育学部7名），臨床系心理学が17名（全員教育学部）であった。学部別，進路希望別の分類をTable 5 - 1に示した。

Table 5 - 1　調査対象者の内訳

	2004年				2006年				2007年				2008年				合計
	教育学部		文学部		教育学部		文学部		教育学部		文学部		教育学部		文学部		
	男性	女性	男性	女性	男性	女性	男性	女性	男性	女性	男性	女性	男性	女性	男性	女性	
就職希望	0	0	2	1	0	0	0	0	0	1	0	0	0	2	0	1	7
進学希望	1	4	2	0	0	6	0	1	2	2	0	0	1	1	0	0	21
未定・その他	0	1	0	0	0	2	0	0	0	0	0	0	0	0	0	0	3
合計	1	5	4	1	0	8	0	1	2	3	0	0	1	3	0	1	31

---

1) 両学部とも人数は年度によって多少異なる。文学部は4年生全員がメールを受信している。

質問紙の構成

 7月時調査，12月時調査ともに，年齢，性別，学部，学年，進路希望，専攻分野（「心理学（基礎系・実験系）」「心理学（臨床系）」「その他」から1つ選択）についての質問のあと，次の内容について，（1）〜（7）の順序で調査した。なお，質問紙にはその他の調査項目も含まれていたが，本章ではその部分は割愛する。

 （1）卒業論文作成の重要性：「卒業論文を作成することは，今のあなたにとってどのくらい重要な出来事ですか」という質問に，7段階で評定を求めた（1点：「全然重要でない」〜7点：「非常に重要である」）。

 （2）卒業論文作成の深刻性：「卒業論文を作成することは，今のあなたにとってどのくらい深刻な出来事ですか」という質問に，7段階で評定を求めた（1点：「全然深刻でない」〜7点：「非常に深刻である」）。

 （3）卒業論文作成のストレス度：「卒業論文を作成することは，今のあなたにとってどのくらいストレスを感じる出来事ですか」という質問に，7段階で評定を求めた（1点：「全然感じない」〜7点：「非常に感じる」）。なお，「ストレス」の意味するところとして，「ストレスとは，周囲の状況や環境から影響を受けて，抑うつ・不安・イライラなど不快な気持ちを長く感じている状態のことを指します」との説明をあわせてつけた。また，卒業論文を作成することが，現在ストレスを感じている原因のうち，どの程度の割合を占めているかについても回答を求めた。

 （4）自己認知：長島・藤原・原野・斎藤・堀（1967），桑原（1991）を参考に，自己記述に際して用いる特性語として，ポジティブな項目10項目，ネガティブな項目10項目，合計20項目を選定した（Table 5-3）。それぞれの特性語に対して，「同学部で同じように卒業論文を書いている平均的な学生と自分とを比較して，次のようなことにあなた自身がどのくらいあてはまると思いますか」と相対的な比較による評定を求めた。各項目について7段階で評定を求めた（1点：「全然あてはまらない」〜7点：「非常にあてはまる」。4点は「同学部の学生と同じくらい」）。

 （5）卒業論文作成状況に対する認知：研究3（第4章）で用いた「卒業論文に対する認知尺度」を用いた。この尺度は，ストレスフルイベントを経験し

た者を対象とした先行研究（e.g., Taylor, Lichtman, & Wood, 1984）を参考にして作成された研究1（第2章）の項目をもとに，卒業論文作成状況にあてはまるように内容を修正して12項目を設定したものである（Table 5-4）。「卒業論文をめぐる自分自身や周りの状況に対して，次のような考え方をどのくらいしていますか」の教示のもと，各項目について7段階で評定を求めた（1点：「全然あてはまらない」～7点：「非常にあてはまる」）。

（6）抑うつ：Zung（1965）の作成したSDS（Self-rating Depression Scale）の日本語版（福田・小林，1973）20項目を用いた。4段階評定（1点：「ない・たまに」，2点：「ときどき」，3点：「かなりのあいだ」，4点：「ほとんどいつも」）で，抑うつが強いほど高得点となる。

（7）卒業論文作成の楽しい面と苦しい面：「あなたにとって，卒業論文作成のどのような面が楽しいですか」「あなたにとって，卒業論文作成のどのような面が苦しいですか」の教示のもと，それぞれ縦7cm×横17cmの空欄に自由記述を求めた。

第3節 結　果

以下の分析においては，因子分析等の多変量解析を行うには全体の調査対象者数が十分でないため，項目ごとに検討を行う。また，性差，学部，専攻分野，進路希望などの条件は込みにした結果のみを見ていくことにする。

5.3.1　卒業論文の重要性，深刻性，ストレス度

卒業論文の重要性，深刻性，ストレス度について，7月時，12月時別に，調査対象者全員の平均値と標準偏差を算出した（Table 5-2）。いずれも高得点であり，特に重要性については，全員が5点（「やや重要である」）以上であったことから，調査対象者にとって卒業論文作成が重要なこととして位置づけられていることが確認された。また，7月時と12月時の平均値を，対応のあるt検定によって比較したところ，いずれも有意な差が認められ，12月時の方が7月時よりも重要性，深刻性，ストレス度ともに高いことが明らかになった。なお，卒業論文作成が現在抱えるストレス源のうち最大のストレス源であると

Table 5-2 7月時・12月時における卒業論文の重要性，深刻性，ストレス度

	7月				12月				t値
	平均	SD	min	max	平均	SD	min	max	(df=30)
重要性	6.16	.82	5	7	6.58	.67	5	7	−2.76**
深刻性	5.74	1.21	3	7	6.16	.97	3	7	−2.43*
ストレス度	5.19	1.45	1	7	5.68	1.05	2	7	−2.54*
ストレス全体に卒業論文が占める割合	42.10	26.19	0	100	57.42	27.17	0	100	−3.22**

**$p<.01$, *$p<.05$

報告した者の人数は，7月時調査では13名であったのに対し，12月時調査では21名であった。

5.3.2 卒業論文作成時の，自己に対するポジティブ志向（7月時，12月時）

自己認知尺度の各項目について，7月時，12月時別に，調査対象者全員の平均値と標準偏差を算出した（Table 5-3）。自己認知については，他者と比較したうえでの自己認知について評定を求めているため，尺度上の中点（4点）と実際の評定値の差は，他者と比較してどの程度自己をポジティブ（ネガティブ）に評価しているかということを示す。つまり，自己を他者と同程度にみなしている場合には尺度上の中点（4点），自己を他者よりもポジティブにみなしている場合には5～7点（ネガティブ項目の場合は1～3点），自己を他者よりもネガティブにみなしている場合には1～3点（ネガティブ項目の場合は5～7点）となる。

調査対象者全体として，統計上有意に，他者（平均的な同級生）に比べて自己をポジティブ（あるいはネガティブ）にみなす傾向，つまりポジティブ幻想が見られるかどうかを検討するため，調査対象者全員の自己認知項目の平均値について，項目ごとにt検定を行い，尺度上の中点（4点）との比較を行った。その結果，7月時点でも12月時点でもほぼ同じ傾向が見られた。自己を他者よりも有意にポジティブな方向に評価していたのは，「前向きな」，「あきらめの早い」の2項目であった。7月時は，「無責任な」，「あきっぽい」についても，自己を他者よりも有意にポジティブな方向に評価していた。他方，自己を他者

よりも有意にネガティブな方向に評価していたのは,「悩みがちな」,「視野の狭い」,「有能な」「自信を持っている」,「不器用な」であった。この結果から,調査対象者全体として,7月・12月とも,情緒安定性や能力に関する側面においては自己を他者よりもネガティブに認知する傾向があるが,卒業論文に取り組む自己の姿勢自体はポジティブに認知する傾向があり,この側面においてポジティブ志向が現れているといえる。また,12月時は7月時よりも,自己を他者よりもポジティブにみなしている項目数が減っていた(7月時は4項目,12月時は2項目)。

次に,自己認知の時系列的な変化を検討するため,各項目について,対応のあるt検定により,7月時の平均値と12月時の平均値の比較を行った。その結果,「無責任な」のみで有意な差が認められ,12月時は7月時よりも自己を無責任であるとみなしていることが明らかになった。しかし,12月時の「無責

Table 5-3 7月時・12月時の自己認知尺度各項目の平均値,t検定結果(尺度上の中点(4点)との比較,7月時と12月時の比較),および抑うつとの相関(Pearsonのr)

項目	7月					12月					7月・12月の平均値の比較	抑うつとの相関	
	平均	SD	min	max	t値 ($df=30$)	平均	SD	min	max	t値 ($df=30$)	t値 ($df=30$)	7月	12月
意欲的な	4.32	1.17	2	6	1.54	4.29	1.30	2	7	1.25	.23	.112	−.213
悩みがちな	4.45	1.39	2	7	1.81$^+$	4.65	1.45	2	7	2.48*	−.72	.504**	.399*
独創的な	3.94	1.06	2	6	−.34	3.97	1.30	1	6	−.14	−.16	.129	−.220
無責任な	3.32	1.47	1	6	−2.57*	3.87	1.61	1	7	−.45	−2.24*	.041	.383*
積極的な	4.26	.97	2	6	1.49	4.16	1.49	2	7	.61	.57	−.035	−.233
楽観的な	4.10	1.64	1	7	.33	4.35	1.68	1	7	1.17	−.98	−.581**	−.361*
視野の狭い	4.32	.87	3	6	2.06*	4.45	1.03	2	7	2.45*	−.73	.270	.415*
勤勉な	3.81	1.11	2	5	−.97	3.71	1.40	1	6	−1.16	.37	.118	−.174
あきらめの早い	3.00	1.13	1	5	−4.95***	3.29	1.49	1	7	−2.66**	−1.07	−.190	.431*
前向きな	4.58	.96	3	6	3.37**	4.48	1.21	1	7	2.23*	.42	−.160	−.554**
好奇心の強い	4.32	1.01	2	6	1.77$^+$	4.19	1.35	1	7	.80	.49	−.292	−.187
あきっぽい	3.45	1.12	2	5	−2.73*	3.71	1.30	1	7	−1.25	−.89	.216	.364*
意志の強い	4.03	1.14	2	6	.16	3.84	1.16	1	6	−.78	1.06	−.363*	−.311$^+$
神経質な	4.03	1.43	1	6	.13	4.19	1.62	1	7	.67	−.78	.406*	.338$^+$
有能な	3.19	1.28	1	6	−3.52**	2.94	1.39	1	6	−4.27***	1.25	−.122	−.467**
慎重な	3.84	1.21	1	6	−.74	3.61	1.33	1	7	−1.62	.87	−.354$^+$	−.213
弱気な	4.29	1.30	2	6	1.25	4.35	1.40	2	7	1.41	−.27	.337$^+$	.454*
自信を持っている	3.61	1.12	1	6	−1.93$^+$	3.32	1.42	1	6	−2.65*	1.20	−.317$^+$	−.541**
不器用な	4.42	1.29	1	6	1.82$^+$	4.55	1.29	2	7	2.37*	−.49	.100	.552**
しんぼう強い	3.81	1.05	1	6	−1.03	3.94	1.29	1	7	−.28	−.53	−.379*	−.392*

$^{***}p<.001$, $^{**}p<.01$, $^*p<.05$, $^+p<.10$
注) 7月・12月のtはそれぞれ尺度上の中点(4点)との比較結果。

任な」の平均値は，尺度上の中点（4点）と有意な差が認められなかったことから，12月時に卒業論文に対する責任感が下がったというわけではなく，12月になると同級生の卒業論文への取り組みも目立つようになるため，他者の責任性についての評価が上がった結果，相対的に自己の無責任さと他者の無責任さの差が小さくなったものと考えられる。

5.3.3 卒業論文作成状況に対する認知（7月時，12月時）

卒業論文作成状況に対する認知尺度の各項目について，7月時，12月時別に，調査対象者全員の平均値と標準偏差を算出した（Table 5-4）。

この中で，「卒業論文は私の糧になると思う」については7月時においても12月時においても最小値が3点（「あまりあてはまらない」）であったことから，

Table 5-4 7月時・12月時の卒業論文作成状況に対する認知尺度各項目の平均値, t検定結果（7月時と12月時の比較）および抑うつとの相関（Pearsonのr）

項目	7月				12月				7月・12月の平均値の比較	抑うつとの相関	
	平均	SD	min	max	平均	SD	min	max	t値 (df=30)	7月	12月
卒業論文を私の努力次第で完成させることができると思う	5.42	1.15	2	7	5.58	1.21	2	7	−.63	−.326+	−.437*
期限に間に合うように提出できないのではないかと不安である	3.48	1.39	1	7	4.29	1.66	1	7	−2.53*	.570**	.556**
卒業論文の完成を妨げるような出来事は起こらないだろうと思う	4.13	1.36	2	7	4.06	1.37	2	7	.24	−.122	−.328+
テーマの設定がこれでよかったのかどうか自信がない	4.13	1.54	1	7	4.13	1.63	2	7	.00	.248	.355+
私の卒業論文作成の進行状況は順調だと思う	3.29	1.51	1	6	3.52	1.73	1	7	−.77	−.271	−.677***
卒業論文を書かなくても卒業できる学部の人がうらやましい	4.32	2.01	1	7	5.10	1.94	1	7	−2.50*	.261	.410*
卒業論文は私の糧になると思う	5.61	.88	3	7	5.58	1.15	3	7	.24	−.159	.029
他の人の卒業論文の進行状況が気になる	4.97	1.82	1	7	5.00	1.69	1	7	−.16	.327+	.305+
私はよい卒業論文を書き上げられると思う	4.10	1.14	2	7	3.71	1.44	1	6	1.46	−.187	−.264
卒業論文を期限に間に合うように提出できると思う	5.23	1.09	3	7	5.23	1.20	3	7	.00	−.494**	−.640***
卒業論文の作成がうまく進まない時があると落ち込んでしまう	4.83	1.49	1	7	5.26	1.13	3	7	−1.40	.431*	.370*
卒業論文を作成することは私を人間的に成長させる機会であると思う	5.37	.77	4	7	5.10	1.08	2	7	1.39	.067	.319+

***$p<.001$, **$p<.01$, *$p<.05$, +$p<.10$

調査対象者は卒業論文に自分なりの価値を見出していることが窺える。

また，各項目について，対応のあるt検定により，7月時の平均値と12月時の平均値の比較を行った。その結果，12月時は7月時よりも「期限に間に合うように提出できないのではないかと不安」「卒業論文を書かなくても卒業できる学部の人がうらやましい」と認知していることが明らかになった。このことから，12月時には期限に対する不安感，および卒業論文を書かない学生への羨望というネガティブな認知が増すことが示唆された。

5.3.4 卒業論文作成時の自己認知および卒業論文作成状況に対する認知と精神的健康との関連

抑うつ尺度については，20項目の合計得点を抑うつ得点とした。調査対象者全員の抑うつ得点の平均値は，7月時は42.87点（31点～68点，$SD=7.96$；$\alpha=.831$），12月時は42.21点（29点～56点，$SD=7.23$；$\alpha=.799$）であった。7月時と12月時の抑うつ得点の平均値を対応のあるt検定により比較したところ，両者の間に有意な差は認められなかった（$t(30)=.50$，$n.s.$）。

次に，自己認知尺度および卒業論文作成状況に対する認知尺度の各項目と，抑うつ得点との相関係数（Pearsonのr）を，7月時，12月時別にそれぞれ算出した（Table 5-3，Table 5-4）。

卒業論文作成時の自己認知と抑うつとの相関については，7月時，12月時両方において，「悩みがちな」「神経質な」「弱気な」と正の相関が，「楽観的な」「意志の強い」「自信を持っている」「しんぼう強い」と負の相関が見られた。12月時においてのみ見られた相関は，「無責任な」「視野の狭い」「あきらめの早い」「あきっぽい」「不器用な」との正の相関，「前向きな」「有能な」との負の相関であった。

卒業論文作成状況に対する認知と抑うつとの相関については，7月時，12月時両方において，「期限に間に合うように提出できないのではないかと不安」「作成がうまく進まない時があると落ち込んでしまう」と正の相関が，「私の努力次第で完成させることができる」「期限に間に合うように提出できると思う」と負の相関が見られた。12月時点においてのみ見られた相関は，「卒業論文を書かなくても卒業できる学部の人がうらやましい」との正の相関，「進行状況

は順調だと思う」との負の相関であった。

5.3.5 卒業論文作成の楽しい面，苦しい面についての認知
　　　——自由記述の分析から——
　卒業論文作成の楽しい面，苦しい面についての自由記述について，KJ法による分類を行った。具体的な分析の手順は以下の通りである。まず，調査対象者が挙げた回答内容をカードに転記した。複数の内容が含まれる回答は1つの内容に分解した。その後，「7月時の楽しい面」「12月時の楽しい面」「7月時の苦しい面」「12月時の苦しい面」別に，内容的に類似するもの同士でカードをまとめた。それらをさらに内容的類似性に基づいて小カテゴリーに，小カテゴリーを大カテゴリーにまとめた。最初に内容的に類似するもの同士に分類した際，各側面に共通するものも見られたことから，小カテゴリーおよび大カテゴリーにまとめる際には，両時点および両側面に共通する小カテゴリー，大カテゴリーを設定した。なお，カテゴリー名とその定義の説明をしたうえで，仮説を共有していない評定者1名にカードの分類を依頼した。評定一致率は87.87%であった。不一致の事例は討議により解決した。

　まず，楽しい面についての結果を述べる。7月時調査においては，無回答者が1名であった。残りの30名分の回答から45枚のカードが作成され，45枚全てを分析対象とした。1人あたりの回答数は1.45個であった。12月時調査においては，無回答者が3名，「楽しいと思えない」と記述した者が1名であった。残りの27名分の回答から42枚のカードが作成された。うち1枚は意味が曖昧であったため無効とし，41枚のカードを分析対象とした。1人あたりの回答数は1.32個であった。

　楽しい面の分類の結果をTable 5-5に示す。大カテゴリーとして「卒業論文作成自体に関わる要因」「卒業論文の評価に関わる要因」「その他」に分類された。「卒業論文作成自体に関わる要因」はさらに「研究の基礎づくり，テーマの設定」「方法の立案」「実験・調査，および実験・調査における対象との関わり」「実験・調査結果の分析，および結果の意味づけ」「研究をまとめ，執筆する」「自主性に任される」「新たな発見がある」「その他」の8つの小カテゴリーに分類された。7月時は「研究の基礎づくり，テーマの設定」「自主性に任さ

Table 5-5 卒業論文作成の楽しい面のカテゴリー分類と出現度数（出現率）

大カテゴリー 小カテゴリー	7月 度数	7月 出現率(%)	12月 度数	12月 出現率(%)	記述内容	7月 度数	7月 出現率(%)	12月 度数	12月 出現率(%)
Ⅰ．卒業論文作成自体に関わる要因（7月：40（87.0%），12月：38（82.6%））									
1．研究の基礎づくり，テーマの設定	12	26.1	4	8.7	（1）資料（文献）を調べる・読む，資料（文献）から新しいことを知る	6	13.0	2	4.4
					（2）興味のあるテーマについて取り組める・考えられる・調べられる	6	13.0	2	4.4
2．方法の立案	2	4.4			（1）実験・調査計画を立てる	2	4.4		
3．実験・調査，および実験・調査における対象との関わり	5	10.9	6	13.0	（1）実験・調査（詳細な記述なし）	1	2.2	2	4.4
					（2）実験個体（サル・動物）の行動を観察する	2	4.4	1	2.2
					（3）調査を通じて人間の内面に近づける	1	2.2		
					（4）調査を通じて様々な人の話を聞くことができる			2	4.4
					（5）実験・調査を通して人（参加者）と接しながら卒業論文を作成できる	1	2.2	1	2.2
4．実験・調査結果の分析，および結果の意味づけ	3	6.5	14	30.4	（1）データ分析	1	2.2	2	4.4
					（2）データの意味づけ・解釈を考える			3	6.5
					（3）データを通じて新しいことを知る			1	2.2
					（4）個々のデータに共通性を見出す	1	2.2	1	2.2
					（5）予想していた通りの結果が得られる			4	8.7
					（6）意外な結果が得られる			2	4.4
					（7）何らかの結果が得られる	1	2.2		
					（8）考察する			1	2.2
5．研究をまとめ，執筆する	1	2.2	3	6.5	（1）論述する			1	2.2
					（2）自分の取り組みが1つの形になる	1	2.2	2	4.4
6．自主性に任される	6	13.0	2	4.4	（1）自分で考え，進めていくことができる	6	13.0	2	4.4
7．新たな発見がある	6	13.0	2	4.4	（1）新たな発見がある（ソースは明記されず）	6	13.0	2	4.4
8．その他	5	10.9	7	15.2	（1）これまで学んだことを活かせる	1	2.2		
					（2）今まで経験したことのないことができる	2	4.4	2	4.4
					（3）自分の考えを順を追って組み立てる			2	4.4
					（4）1つのことを集中して考える機会が与えられている			1	2.2
					（5）他者と議論する	1	2.2	1	2.2
					（6）他者から助言をもらう			1	2.2
					（7）作成過程全体が楽しい（特にどの過程と限定されない）	1	2.2		
Ⅱ．卒業論文の評価に関わる要因（7月：4（8.7%），12月：3（6.5%））									
1．評価に関わること	4	8.7	3	6.5	（1）誰もしていない新しいことをする	2	4.4	2	4.4
					（2）他者に良い評価をしてもらえる	1	2.2	1	2.2
					（3）研究結果を公の場に発表できる	1	2.2		
Ⅲ．その他（7月：2（4.4%），12月：5（10.9%））									
1．付随的な要因	1	2.2			（1）パソコン室で友達と一緒に過ごせる	1	2.2		
2．無回答，楽しいと思えない	1	2.2	4	8.7	（1）無回答	1	2.2	3	6.5
					（2）良いものを書かねばならないというプレッシャーのため，楽しいとは思えない			1	2.2
3．分類不能			1	2.2	（1）意味の曖昧な回答			1	2.2
合計	46	100.0	46	100.0		46	100.0	46	100.0

れる」「新たな発見がある」の出現率が高いが，12月時はこれらの出現率が下がり，代わって「実験・調査結果の分析，および結果の意味づけ」の出現率が高くなっていた。また，何か新しいことを知るという内容に関して，7月時はソースが明記されていない回答が13％，文献から知るという回答が13％であるのに対し，12月時はこれらの出現率が低くなっていた。これらのことから，7月時は，興味のあるテーマについて自分自身で研究を進めていけることや，文献を調べる過程で新たな発見があることに楽しさを感じているのに対して，12月時は，自分自身で実際に進めた実験・調査結果の分析や意味づけを通して，新たな知見を得たり，自ら設定した問いに答えを見出したりすることに楽しさを感じていると考えられる。また，12月時は7月時に比較して，無回答の者および「楽しいと思えない」と回答した者の比率が増していた。

　次に，苦しい面についての結果を述べる。7月時調査においては，調査対象者全員（31名）の回答から48枚のカードが作成された。うち1枚は意味が曖昧であったため無効とし，47枚のカードを分析対象とした。1人あたりの回答数は1.52個であった。12月時調査においては，調査対象者全員（31名）の回答から54枚のカードが作成された。うち1枚は意味が曖昧であったため無効とし，53枚のカードを分析対象とした。1人あたりの回答数は1.71個であった。

　苦しい面の分類の結果をTable 5-6に示す。大カテゴリーとして，「楽しい面」と同様，「卒業論文作成自体に関わる要因」「卒業論文の評価に関わる要因」「その他」に分類された。「卒業論文作成自体に関わる要因」はさらに「作成段階初期の不安」（具体的な形が見える前の不安），「研究の基礎づくり，テーマの設定」「方法の立案」「実験・調査を進めるうえでの負担・困難」「実験・調査結果の分析，および結果の意味づけ」「研究をまとめ，執筆する」「自主性に任される」「期限に関わること」「作成過程における行き詰まり」「その他，負担に感じること」の10個の小カテゴリーに分類された。全体の回答数およびカテゴリーの数から，苦しい面は楽しい面よりも多様であるといえる。7月時は「研究の基礎づくり，テーマの設定」の出現率が最も高く，次いで「作成段階初期の不安」「作成過程における行き詰まり」の出現率が高かった。12月時は「実験・調査結果の分析，および結果の意味づけ」の出現率が最も高く，次

Table 5-6 卒業論文作成の苦しい面のカテゴリー分類と出現度数(出現率)

大カテゴリー 小カテゴリー	7月 度数	7月 出現率(%)	12月 度数	12月 出現率(%)	記述内容	7月 度数	7月 出現率(%)	12月 度数	12月 出現率(%)
Ⅰ.卒業論文作成自体に関わる要因 (7月:40 (83.3%), 12月:44 (81.5%))									
1. 作成段階初期の不安	8	16.7	2	3.7	(1) 結果が出るかどうか,どのような結果になるかわからない	2	4.2	2	3.7
					(2) 実験がうまくいくかどうかが不安	1	2.1		
					(3) 卒業論文として完成させられるかが不安	2	4.2		
					(4) 先が見えない	1	2.1		
					(5) 一連の作成過程を最後までやり遂げられるかが不安	1	2.1		
					(6) 調査の方法や分析が大変そうである	1	2.1		
2. 研究の基礎づくり,テーマの設定	10	20.8	4	7.4	(1) 先行研究の確認,先行研究と自分の研究との関係づけ	4	8.3	2	3.7
					(2) テーマ設定	1	2.1		
					(3) 自分の興味・考えが整理できない	3	6.3		
					(4) 自分が何がしたいのかわからない	2	4.2	2	3.7
3. 方法の立案			2	3.7	(1) 実験・調査計画を立てる			1	1.9
					(2) 質問紙の作成			1	1.9
4. 実験・調査を進めるうえでの負担・困難	4	8.3	5	9.3	(1) 参加者を集める	1	2.1		
					(2) プログラムを覚えねばならない	1	2.1		
					(3) 毎日実験個体の世話をせねばならない	1	2.1		
					(4) 調査を通じて人間の内面に近づける	1	2.1		
					(5) テープ起こしの作業			2	3.7
					(6) 図表作成			1	1.9
					(7) 謝礼を自費で購入せねばならない			1	1.9
					(8) 実験のため毎日大学に来なければならない			1	1.9
5. 実験・調査結果の分析,および結果の意味づけ	2	4.2	8	14.8	(1) データ分析	1	2.1	1	1.9
					(2) 結果が出ない	1	2.1	4	7.4
					(3) 何らかの結果を形として出さねばならない			1	1.9
					(4) 考察することの困難さ			2	3.7
6. 研究をまとめ,執筆する			6	11.1	(1) 文章化することの困難さ			5	9.3
					(2) まとめて1つの形にすること			1	1.9
7. 自主性に任される	5	10.4	4	7.4	(1) 自分で進めていかなければならない	2	4.2		
					(2) 自分の未熟さを感じること	1	2.1		
					(3) 自分自身と向き合うこと	1	2.1		
					(4) 自分の知識不足	1	2.1		
					(5) 自分の能力の限界を感じること			2	3.7
8. 期限に関わること	1	2.1	5	9.3	(1) 期限がある,期限まで時間がない	1	2.1	5	9.3
9. 作成過程における行き詰まり	8	16.7	6	11.1	(1) 思うように進まない	6	12.5	3	5.6
					(2) 何をしていいかわからない	2	4.2	2	3.7
					(3) 分からないことが多い			1	1.9
10. その他,負担に感じること	2	4.2	2	3.7	(1) しなければならないことが多い	1	2.1		
					(2) 1つのことを集中して考えねばならない			1	1.9
					(3) したくないことをせねばならない			1	1.9
					(4) 初めてのことに取り組まねばならない	1	2.1		
Ⅱ. 卒業論文の評価に関わる要因 (7月:5 (10.4%), 12月:7 (13.0%))									
1. 評価に関わること	4	8.3	6	11.1	(1) 院試に関係する	3	6.3	1	1.9
					(2) どう評価されるかわからない,否定的評価を受けるかもしれない			3	5.6
					(3) 発表の場において皆の前にさらされる			1	1.9
					(4) 進学希望者と同レベルのものを求められる	1	2.1		
					(5) 他人と比較して劣等感を感じる			1	1.9
2. 卒業論文の意味づけ	1	2.1	1	1.9	(1) 卒論が自分の将来につながらない	1	2.1		
					(2) 自分の卒論と社会とのつながりが見出せない			1	1.9
Ⅲ. その他 (7月:3 (6.3%), 12月:3 (5.6%))									
1. 卒論以外の活動との両立	2	4.2	2	3.7	(1) 卒論以外の活動との両立が難しい,他のことに時間が割けない	2	4.2	2	3.7
2. 分類不能	1	2.1	1	1.9	(1) 意味の曖昧な回答	1	2.1	1	1.9
合計	48	100.0	54	100.0		48	100.0	54	100.0

いで「研究をまとめ，執筆する」「作成過程における行き詰まり」「評価に関わること」の出現率が高かった。これらのことから，7月時は，研究の基礎づくりに苦しさを感じ，同時に自分が卒業論文を完成させられるのかという不安が大きいことが窺える。それに対して12月時は，結果の分析や意味づけ，および，これまでの結果をまとめて論文として文章化することに苦しさを感じていると考えられる。また，「期限に関わること」については，12月時において出現率が高く，尺度より得られた結果と一致していた。「評価に関わる要因」についても，12月時において7月時よりやや高い出現率であった。「作成過程における行き詰まり」については両時点で比較的高い出現率であった。

　楽しい面と苦しい面に共通するカテゴリーが見られたこと，および，楽しい面と苦しい面に同一の記述をした参加者があった（7月時2名，12月時2名）ことから，卒業論文作成における楽しさと苦しさは表裏一体のものであるといえる。7月時は楽しさも苦しさも漠然とした状態であり，興味のあるテーマを自分自身の力で進められることに楽しさと苦しさを感じ，具体的な形が見えない不安も大きいという状態であろう。それに対して12月時は，具体的な実験・調査の実施や，結果の意味づけに楽しさと苦しさを感じるとともに，期限や評価への精神的な重圧も増していることが窺える。

第4節　考　察

5.4.1　卒業論文作成時における自己に対するポジティブ志向

　自己に対するポジティブ志向の現れ方を，自己を他者よりもポジティブにみなす傾向が見られるか否か，すなわちポジティブ幻想が現れるか否かという観点から検討したところ，自己を他者よりもポジティブにみなす傾向が見られた項目はそれほど多くはなかった。しかし，「前向きな」「あきらめの早い」「無責任な」（7月時のみ），「あきっぽい」（7月時のみ）においては自己を他者よりもポジティブにみなす傾向が見られたことから，調査対象者全体として，卒業論文に取り組む自己の姿勢自体はポジティブに認知する傾向があり，この側面においてポジティブ志向が現れているといえる。また，12月時は7月時よりも，自己を他者よりもポジティブにみなす傾向が見られた項目数が減ったこ

とから，提出期限が近づき，卒業論文の重要性，深刻性，ストレス度が増すと，自己に対するポジティブ志向があまり見られなくなることが明らかになった。

5.4.2 卒業論文作成状況に対するポジティブ志向

卒業論文作成状況に対するポジティブ志向については，それほど顕著に見られなかった。むしろ，12月時は7月時よりも，期限に対する不安感や，卒業論文を書かない学生への羨望というネガティブな認知が増していたことから，自己に対するポジティブ志向と同様，卒業論文作成状況に対するポジティブ志向についても，提出期限が近づき，卒業論文の重要性，深刻性，ストレス度が増すとあまり見られなくなることが示唆された。

5.4.3 卒業論文作成時におけるポジティブ志向と精神的健康の関連

自己に対するポジティブ志向，および卒業論文作成状況に対するポジティブ志向と抑うつの間には，いずれも負の相関関係があることが示された。Table 5-3からは，自己に対するポジティブ志向については，7月，12月とも，楽観性や意志の強さ，情緒安定性に関するポジティブな自己認知の高さと抑うつの低さとが関連していると考えられる。さらに12月になると，抑うつの低さは，能力や粘り強さに関するポジティブな自己認知の高さとも関連すると考えられる。

他方，Table 5-4からは，卒業論文作成状況に対するポジティブ志向については，7月，12月とも，完成度（つまり，どれだけ優れた論文を執筆できるか）に対する意識というよりは，期限に間に合うだろうというポジティブな認知，および卒業論文の進捗状況に関するポジティブな認知と抑うつの低さが関連していると考えられる。

研究3（第4章）で示された結果と同様，ポジティブ志向が卒業論文作成というストレスフルイベントにおいて精神的健康を維持するための重要な資源である可能性が示唆された。

5.4.4 卒業論文作成の楽しい面，苦しい面についての認知

本研究は，学生が卒業論文作成のどのような面に楽しさと苦しさを感じてい

るかについて，より具体的かつ多面的に捉えるために，自由記述方式による回答を求めた。その結果，卒業論文作成に伴う楽しさ，苦しさは，提出期限が近づくにつれてより具体的な作成過程に見出されることが明らかになった。7月時は楽しさも苦しさも漠然とした状態であり，興味のあるテーマを自分自身の力で進められることに楽しさと苦しさを感じ，具体的な形が見えない不安も大きいという状態であろう。それに対して12月時は，具体的な実験・調査の実施や，結果の意味づけに楽しさと苦しさを感じるとともに，期限や評価に対する精神的な重圧も増していることが窺える。

第5節　本章のまとめ

　本研究は，大学生の卒業論文作成時の自己に対するポジティブ志向，および卒業論文作成状況に対するポジティブ志向の現れ方，およびポジティブ志向と抑うつとの関連を，夏季休暇前（7月）と提出期限1ヶ月前（12月）の時点を取り上げて探索的に検討した。その結果，自己認知については，情緒安定性や能力に関する側面においては自己を他者よりもネガティブに認知しているが，卒業論文に取り組む自己の姿勢に対してはポジティブに認知しており，この側面においてポジティブ志向が現れていることが示唆された。また，楽観性や意志の強さ，粘り強さ，情緒安定性に関するポジティブな自己認知と抑うつの低さが関連していることが明らかになった。卒業論文作成状況に対する認知については，期限や進捗状況に対する意識が12月になるとより強まることが明らかになった。また，期限や進捗状況に関するポジティブ志向が，抑うつの低さと関連していることが明らかになった。自由記述の分析からは，卒業論文作成に伴う楽しさ，苦しさとも，7月から12月にかけて，より具体的な作成過程や，実験・調査結果を意味づける過程に見出されるようになること，および，楽しさと苦しさは表裏一体のものであることが明らかになった。

　大学生が卒業論文作成をどのように捉えているのかについての実証的検討はこれまでほとんどなされてこなかったが，研究3（第4章）および研究4（第5章）は，大学生自身の卒業論文作成状況に対する認知，および卒業論文作成時の自己認知を解明したという点で意義があると考えられる。また，研究4の

自由記述からは，学生が卒業論文作成の各段階において楽しさというポジティブな面を見出していることが確認された。それは苦しさとも表裏一体のものではあるものの，卒業論文作成というストレスフルイベントにポジティブな面を見出しているということは重要なことであろう。ゆえに，それぞれの作成段階で楽しみを見出せるよう，学生を指導することが必要であると考えられる。また，早い段階で期限を意識させることや，卒業論文に取り組む学生の姿勢や意志をサポートすることは，抑うつの低減という観点からも重要であろう。

　本研究の限界として，多変量解析を用いて検討するには，全体の調査対象者数が十分でなかった点が挙げられる。また，本研究の調査対象者は，学力的に優れた学生の多い「高度に競争的（highly competitive）」な大学に属する，心理学を専攻とする学生という制約があった。卒業論文の作成過程や重要性は大学により，また専攻により大きく異なることが考えられ，その結果，卒業論文に対する認知も異なるのではないかと考えられる。今後は，それらの相違を考慮に入れ，より多数かつ多様な学生を対象とした検討が必要であると考えられる。

　さらに，本研究では卒業論文作成時の自己認知や状況認知が，どのように実際の行動に結びついているかに関しての検討が不十分であった。この点に関しては，実際の行動や作成作業の進捗状況，および自己報告以外の指標を用いて検討することが必要であろう。また，精神的健康についても，今回は抑うつのみを指標として測定したが，それ以外の指標も用いて多元的に捉える必要があると考えられる。

第 6 章

楽観性,ポジティブ志向および幸福感の関連（1）（研究 5 ）

第1節 問　題

　本章および第7章（研究6），第8（研究7）では，幸福感の向上にポジティブ志向がどのように関係するかについて，幸福感との強い関連が指摘されているパーソナリティ特性の1つである楽観性との関連も含めて検討する。

6.1.1　幸福感とは

　現在，幸福感についての研究はますます盛んに行われるようになってきており，今や幸福感を向上させる要因を探ることは心理学における重要な課題の1つとなっているといえるだろう。また，幸福感は，ポジティブ心理学においても重要なテーマとなっており，どのような要因がどのように幸福感の向上に関わっているのかを解明することが，ポジティブ心理学の重要な目的の1つであるといってよい。

　幸福感の概念に関する先行研究については，第1章第4節にて概観したように，感情的側面と認知的側面の2つの側面から構成されるということが多くの研究者の一致した見解である。感情的側面としては，ポジティブ感情を有していることおよびネガティブ感情がないことの両面が，認知的な側面としては人生満足感（life satisfaction）が挙げられる（Diener, Suh, Lucas, & Smith, 1999）。

　幸福感の向上には，パーソナリティ特性，収入や職業，年齢，性別，結婚，宗教など様々な要因が関係していることが指摘されている（e.g., Diener, 1984；Diener et al., 1999；石井，1997；Myers & Diener, 1995；根建・田上，1995）。このうち，パーソナリティ特性は，幸福感を最も強力にかつ一貫して予測するものの1つとして，盛んに研究されてきた。パーソナリティ特性のうち，幸福感と関係が深いとされているのは，外向性，自尊心，楽観性の高さ，および神経症傾向の低さである（Diener et al., 1999；大石，2009）。このうち，本章では，ポジティブ心理学の中核概念であるともいえる楽観性に特に焦点を当てる。また，上記のように，幸福感の構成要素として認知的側面が含まれているため，どのような認知を行っているかという認知的態度にも注目すること

が必要であろう。この点に関しては，第1章で述べたように，ポジティブな認知が幸福感を促進するという指摘がなされている（Taylor & Brown, 1988, 1994）。本章および第7章（研究6），第8章（研究7）では，このようなポジティブな認知的態度をポジティブ志向として取り上げる。

従来，楽観性と幸福感の関連，およびポジティブな認知と幸福感の関連はそれぞれ指摘されてきたが，それらを同時に検討する試みは未だ不十分であるといえる。ゆえに，本章では，パーソナリティ要因としての楽観性が幸福感に結びつく時，ポジティブ志向という認知的態度がどのように介在するのかを明らかにする。

6.1.2 楽観性と幸福感
楽観性とは

楽観性（optimism）はポジティブ心理学の中核にある概念である（島井, 2009）。その定義は，研究者によって多少異なるが，主に2つの異なる理論的アプローチから検討が進められている。1つは，一般化された楽観的な期待によって特徴づけられる幅広いパーソナリティ特性として楽観性を概念化する立場（Scheier & Carver, 1985）である。もう1つは，楽観性を帰属や説明スタイルという観点から捉えるものであり（Seligman, 1991），楽観的な説明スタイルとは，ポジティブな出来事の原因を内的（internal），安定的（stable），全体的（global）な要因に帰属させ，ネガティブな出来事の原因を外的（external），不安定的（unstable），特異的（specific）な要因に帰属させるものである。本書では，前者のパーソナリティ特性としての楽観性について検討する。

パーソナリティ特性としての楽観性は，「物事がうまく進み，悪いことよりも良いことが生じるだろうという信念を一般的にもつ傾向」（Scheier & Carver, 1985；戸ヶ崎・坂野，1993）と定義される。楽観性は，単に人々を良い気分にさせるのみならず，人々の行動に大きな影響を与え，ストレスや適応を予測するものとみなされている（Scheier & Carver, 1992）。

楽観性を測定する尺度として，Life Orientation Test（LOT; Scheier & Carver, 1985；日本語版は園田・藤南，1998および戸ヶ崎・坂野，1993），な

らびにその改訂版 (the revised Life Orientation Test, LOT-R; Scheier, Carver, & Bridges, 1994；日本語版は坂本・田中，2002) が広く用いられている[1]。

楽観性と幸福感の関係

楽観性は，幸福感や精神的健康，身体的健康との関係が指摘されており，幅広い状況において検討がなされている (Carver & Scheier, 2002; Carver, Scheier, & Segerstrom, 2010; Scheier & Carver, 1992; Scheier, Carver, & Bridges, 2001)。

医療に関係する状況における検討としては，がん患者 (Carver, Pozo, Harris, Noriega, Scheier, Robinson, Ketcham, Moffat, & Clark, 1993; Friedman, Nelson, Baer, Lane, Smith, & Dworkin, 1992)，冠状動脈バイパス手術を受けた患者 (Fitzgerald, Tennen, Affleck, & Pransky, 1993; Scheier, Matthews, Owens, Magovern, Lefebvre, Abbott & Carver, 1989)，骨髄移植を受けた患者 (Curbow, Somerfield, Baker, Wingard, & Legro, 1993) に対する研究など，多岐にわたる。このうち，Scheier et al. (1989) は，冠状動脈バイパス手術を受けた患者について，楽観性（手術前の測定）の高い者は，術後の経過が良く，退院後の生活に戻るのも早かったという結果を得ている。ほかの疾病についてもおおむね同様に，楽観性が良い健康状態，良い感情状態や，医療的介入に対する良い反応と関連し，疾病の克服に役立つという知見が得られている。

また，医療以外の状況における研究，あるいは状況を特定しない研究においても，楽観性と精神的健康，身体的健康との関連が示唆されている。例えば，Scheier & Carver (1985) は，楽観性の高い学生は楽観性の低い学生よりも，身体的症状の報告が少ないという結果を得ている。Aspinwall & Taylor(1992) は，大学入学時の楽観性は，第1学期（セメスター）終了時の大学への適応をよく予測することを示している。Ayyash-Abdo & Alamuddin (2007) は，レ

---

[1] その他，パーソナリティ特性としての楽観性を測定する尺度として，Optimism and Pessimism Scale (Dember, Martin, Hummer, Howe, & Melton, 1989)や，Expanded Life Orientation Test (Chang, Maydeu-Olivares, & D'Zurilla, 1997) などがある。

バノン人の大学生を対象にした調査において，楽観性は自尊心とともに幸福感を予測する主要なパーソナリティ変数であることを示している。Ben-Zur (2003) は，青年を対象にした調査において，楽観性がネガティブ情動と負の関連があり，ポジティブ情動と正の関連があることを示している。

楽観性が幸福感に結びつく理由

このように，楽観性が精神的健康，身体的健康や幸福感と結びつく理由として，これまでいくつかの説明が行われている。

まず，楽観性が高い場合は，目標が達成可能だというポジティブな期待を持つため，誇り，感謝，安堵などのポジティブな情動を持つ。これに対して，楽観性が低い場合は，悪い結果を予測するため，不安，怒り，絶望などのネガティブな感情を持つとされる。このことは，困難や問題に直面した場合にもあてはまる (Carver & Scheier, 1998; Scheier & Carver, 1992)。

また，楽観性の高い者と低い者との大きな相違点は，行動の持続性にあることが指摘されている。楽観性の高い者は，ポジティブな結果を実現できると期待するゆえに，たとえ状況が困難な時であっても，望んだ結果や目標を得るために粘り強く努力し続けるのに対して，楽観性の低い者は，将来にポジティブな結果を期待しないゆえに，努力することをあきらめ，目標を放棄してしまいやすい (Carver & Scheier, 1998; Scheier & Carver, 1985)。ゆえに，楽観性が高いと，目標志向的な行動をあきらめずに継続し，結果的に，望んだ結果や目標を達成しやすいと考えられる。また，楽観性が高い場合は，粘り強く努力を続ける結果，多くの社会的資源や高い地位を得やすいことも指摘されている (Brissette, Scheier, & Carver, 2002; Segerstrom, 2007)。その結果として，高い幸福感を得ることができると考えられる。

このような行動の持続性における違いは，ストレスフルな事態に陥った時に選択する対処 (coping) 方略の相違をも説明するものである。Solberg Nes & Segerstrom (2006) は，楽観性は，ストレッサーやネガティブな情動を除去，低減，統御することを目的とした接近的対処方略と正の関連があり，ストレッサーやネガティブな情動を無視し避けようとする回避的対処方略とは負の関連があることを，50編の研究に基づくメタ分析によって明らかにしている。ゆ

えに，楽観性が高い場合には，ストレッサーへの対処が成功し，ストレス反応が少ない状態を維持できるため，高い幸福感を得ることができると考えられる。

6.1.3 ポジティブ志向と幸福感

他方，ポジティブな認知も，精神的健康の維持や幸福感の向上に深く関わっていることが指摘されている。この考え方は，第1章で述べたように，Taylor & Brown（1988）の提唱したポジティブ幻想についての理論をきっかけとして盛んになった。ポジティブ幻想とは，自分に都合の良いようにポジティブな方向にバイアスのかかった認知の総称であり，その内容は，（1）非現実的にポジティブな自己認知，（2）自己の持つコントロール能力の過大評価，（3）非現実的な楽観主義の3つに区分される。また，Taylor & Brown（1988, 1994）は，先行研究（e.g., Jahoda, 1958; Jourard & Landsman, 1980）から抽出した精神的健康の4つの基準とポジティブ幻想が関連していることを根拠として，ポジティブ幻想が精神的健康と結びついていると主張している。その基準の1つとして，「幸福で，満足していられること」が挙げられている（Taylor, 1989; Taylor & Brown, 1988, 1994）。自己・環境・未来に対してポジティブな認知を行っている者は，そうでない者よりも幸福であると報告する傾向が高いことが指摘されている（Taylor & Brown, 1988, 1994）。

本研究では，現実をポジティブな方向に歪めた認知（ポジティブ幻想）だけでなく，現実に沿ったポジティブな認知，および現実に沿っているのか現実をポジティブな方向に歪めているのか曖昧な認知をも含めて，「特定の方法で既知の事実を見ようとすること」（Taylor, 1983）の結果生じた「現実のポジティブな面を強調するような，必ずしも現実に基礎を置いていない」（Brown, 1993）認知のあり方を「ポジティブ志向」（positive orientation）と定義する。

なお，ポジティブ幻想の概念の中に，「非現実的な楽観主義」が含まれているため，楽観性とポジティブ志向は共通する点もあると考えられる。しかし，本書では，楽観性は未来に対してポジティブな結果を期待する傾向のあるパーソナリティ特性であり，他方，ポジティブ志向は，未来に対してだけでなく現在および過去も含めた自己や環境へのポジティブな認知のあり方という点で相違があると位置づける。

6.1.4 楽観性，ポジティブ志向，幸福感の三者の関連

　それでは，楽観性，ポジティブ志向，幸福感の三者の間にはどのような関連があるのだろうか。楽観性と幸福感，ポジティブ志向と幸福感の関連については，それぞれこれまでかなり検討が行われてきた（e.g., Carver & Scheier, 2002; Diener et al., 1999; Segerstrom, 2006　荒井訳　2008; Taylor & Brown, 1988, 1994）。しかし，この三者がどのような関係にあるかを総合的に検討した研究は見当たらない。楽観性と幸福感との関連については先行研究で示されている（Carver & Scheier, 2002; Diener et al., 1999）。しかし，その関連において，ポジティブな認知がどのように介在しているかは明らかにされていない。第1章でも述べたように，人々の幸福感を向上させることは，ポジティブ心理学の重要な目標の1つである。Diener et al.（1999）が「将来の研究の重要な課題は，どのような認知的傾向がパーソナリティに影響するか，どのようなパーソナリティが認知的傾向に影響するか，そしてこの2つがどのように幸福感に影響するかを探ることである」と述べていることからも，楽観性，ポジティブ志向，幸福感の三者を同時に検討すること，および，楽観性とポジティブ志向が幸福感に至るプロセスを詳細に検討することの必要性が示唆される。

　また，楽観性，ポジティブ志向の両者を比較すると，楽観性は，未来に対してポジティブな期待を持つ傾向のあるパーソナリティ特性である。他方，ポジティブ志向は，未来だけでなく，現在および過去も含めた自己や環境に対するポジティブな認知である。このような相違はあるものの，楽観性とポジティブ志向は，人間の精神のポジティブな側面であるという点で共通点が多い概念であると考えられる。しかし，両者の具体的な関連は明らかではないため，この関連を検討することが必要である。

　以上の問題意識を踏まえ，本研究は，楽観性，ポジティブ志向および幸福感の関連を，共分散構造分析によるモデル化を行って明らかにすることを目的とする。なお，ポジティブ幻想は，ストレスフルな状況において特に現れやすくまた重要となることが指摘されている（Taylor & Armor, 1996）ことから，ポジティブ志向も同様にストレスフルな状況において現れやすくまた重要となると考えられる。よって，ストレスフルな状況の1つである困難な出来事に遭遇した際のポジティブ志向について検討する。

第6章 楽観性,ポジティブ志向および幸福感の関連(1)(研究5)

本研究では,楽観性,ポジティブ志向および幸福感の関連について,パーソナリティ特性としての楽観性が認知的態度としてのポジティブ志向に関連し,次にポジティブ志向が幸福感に関連するという媒介的なモデルを仮定する(Figure 6-1)。Figure 6-1の各部分についての仮説は以下の通りである。

まず,ポジティブ志向は,「ポジティブな自己認知」「コントロールの評価」「現実に基礎を置かない楽観主義」の3因子に分かれると考えられる(仮説1)。ポジティブ幻想が,(1)非現実的にポジティブな自己認知,(2)自己の持つコントロール能力の過大評価,(3)非現実的な楽観主義の3つに分けられると指摘されていることから,ポジティブ志向も同様に3因子構造を持つものと考えられる。

次に,楽観性とポジティブ志向の各因子とは正の関連があると考えられる(仮説2)。楽観性は未来に対してポジティブな期待を持つ傾向のあるパーソナリティ特性であるため,このようなパーソナリティ特性を持つことは,過去,現在,未来を含めた自己や環境をポジティブに認知すること,すなわちポジティブ志向に結びつくと考えられる。

また,ポジティブ志向と幸福感の関連については,ポジティブ幻想と幸福感の間に正の関連が認められている(Taylor & Brown, 1988)ことから,ポジティ

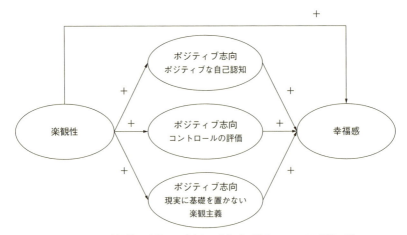

Figure 6-1　楽観性,ポジティブ志向,幸福感の関連についての仮説モデル
注)＋は正の関連を示す。

ブ志向の各因子と幸福感とは正の関連があると考えられる（仮説3）。

仮説2および仮説3より，楽観性と幸福感の関連は，ポジティブ志向の各因子によって媒介されていると考えられる（仮説4）。

さらに，楽観性は幸福感と直接的な正の関連があると考えられる（仮説5）。その理由は，楽観性は適応的なストレス対処方略や，粘り強く努力を積み重ねることと関連する（Solberg Nes & Segerstrom, 2006）ため，ポジティブ志向以外のこれらの変数を通じても幸福感と関連すると考えられるからである。

第2節 方　法

調査対象者

　京都府，奈良県，福岡県の私立大学に在籍する大学生358名（男性250名，女性108名）に調査を実施した。そのうち，回答に不備のあった21名を除外し，回答に不備のない337名（18歳〜29歳，平均年齢19.41歳，$SD=1.34$）を分析の対象とした。うち男性は230名（18歳〜28歳，平均年齢19.52歳，$SD=1.31$），女性は107名（18歳〜29歳，平均年齢19.17歳，$SD=1.37$）であった。

質問紙の構成

　デモグラフィック変数（年齢，性別，大学名，学部，学年）についての質問のあと，次の3種類の内容について，（1）〜（3）の順序で提示した。質問紙にはその他の目的のために設けられた調査項目も含まれていたが，本章ではその部分は割愛する。また，デモグラフィック変数については，今回は分析の対象としなかった。

　（1）楽観性：Scheier et al. (1994) が作成した改訂版楽観性尺度（the revised Life Orientation Test; LOT-R）を用いた。日本語版は，坂本・田中 (2002) によるものを用いた。原尺度は，楽観性に関する項目3項目，悲観性に関する項目3項目，フィラー項目4項目の計10項目から成る尺度であるが，本研究ではフィラー項目を除く計6項目を用いた (Table 6-1)。各項目について，「全然あてはまらない（1点）」から「非常にあてはまる（5点）」の5段階で評定を求めた。

（2）幸福感：Diener, Emmons, Larsen, & Griffin（1985）による，人生満足感尺度（the Satisfaction With Life Scale; SWLS）を用いた。日本語版は，Uchida, Kitayama, Mesquita, Reyes, & Morling（2008）によるものを用いた。原尺度5項目（Table 6-2）について，「全然あてはまらない（1点）」から「非常にあてはまる（5点）」の5段階で評定を求めた。

（3）ポジティブ志向尺度：研究1（第2章）で用いた「ストレスフルイベントにおけるポジティブ志向尺度」をもとに，項目の再検討を行い，14項目を作成し，「ポジティブ志向尺度」と命名した。これは，Taylor & Brown（1988）で挙げられている3種類のポジティブ幻想について，13個の下位分類を設定し，その内容を具体的に表す項目を独自に作成したものである。この14項目については，「何か困難な出来事が起こった時，あなたはこの出来事や自分自身について次のようなことをどのくらい考えますか」と教示したうえで回答を求めた。各項目について，「全然あてはまらない（1点）」から「非常にあてはまる（5点）」の5段階で評定を求めた。項目の内容はTable 6-3に示した。

調査時期と調査手続き

2008年12月，授業時間の一部を利用して，集団形式による無記名式の質問紙調査を実施した。授業担当者が質問紙を配布して調査を依頼し，その場で質問紙への回答を求め，回収を行った。なお，調査にあたっては無記名とするため個人のプライバシーは保護されること，調査への参加は自由意思によるものであることが，フェースシートにて確認された。

第3節　結　果

以下の分析には，統計解析ソフトSPSS16.0J for Windows，およびAmos16.0を用いた。

6.3.1　改訂版楽観性尺度（LOT-R）の因子構造の検討

改訂版楽観性尺度（LOT-R）6項目について，逆転項目の処理を行ったあと，Scheier et al.（1994）と同様の1因子構造となることを確認するために，確認

Table 6-1 改訂版楽観性尺度 (LOT-R) の確認的因子分析結果, 各項目の平均値と標準偏差 (SD), および影響指標

No.	項目	F1	平均値	SD	影響指標
o5	良いことが私に起こるなんてほとんどあてにしていない*	.746	3.03	1.11	.684
o4	私はものごとが自分の思い通りにいくとはほとんど思っていない*	.641	2.42	1.03	.578
o6	概して, 私は悪いことよりも良いことの方が自分の身に起こると思う	.586	3.01	1.04	.670
o2	何か私にとってうまくいかなくなる可能性があれば, それはきっとそうなるものだ*	.306	2.81	.96	.282
o1	はっきりしないときでも, ふだん私は最も良いことを期待している	.259	3.34	1.01	.290
o3	私は自分の将来についていつも楽観的である	.249	3.18	1.13	.324

注) *印は逆転項目。

的因子分析を行った。その結果, 各適合度指標は, $\chi^2(9) = 31.139$ ($p<.001$), GFI=.969, AGFI=.928, CFI=.910, RMSEA=.086であり, 1因子構造であることが確認された[2]。因子分析の結果および各項目の平均値と標準偏差をTable 6-1に示した。この因子を「楽観性」と命名し, 6項目全てを尺度項目として採用した。Cronbachのα係数は.611であった。

6.3.2 人生満足感尺度 (SWLS) の因子構造の検討

人生満足感尺度 (SWLS) 5項目について, Diener et al. (1985) と同様の1因子構造となることを確認するために, 確認的因子分析を行った。その結果, $\chi^2(5) = 44.053$ ($p<.001$), GFI=.950, AGFI=.849, CFI=.893, RMSEA=.152, AIC=64.057であり, RMSEAの値が適合が悪いと判断される0.1を上

---

[2] 坂本・田中 (2002) では, 楽観性と悲観性の2因子構造を仮定したモデルについても検討されている。そこで, 同様に, 2因子構造を仮定したモデルについても確認的因子分析を行った。その結果, 各適合度指標および情報量基準は, $\chi^2(8) = 18.197$ ($p=.020$), GFI=.982, AGFI=.952, CFI=.958, RMSEA=.062, AIC=44.197となり, 1因子モデルよりもいくぶん良い適合度であった。しかし, 両因子のα係数が非常に低いこと, 因子間相関が.70と高いこと, および6項目中2項目が両方の因子からの影響を受けていることから, 1因子構造として解釈することが妥当であると判断した。

Table 6-2 人生満足感尺度（SWLS）の確認的因子分析結果，各項目の平均値と標準偏差（SD），および影響指標

No.	項目	F1	平均値	SD	影響指標
w1	私は自分の人生に満足している	.758	3.19	1.13	.803
w3	大体において，私の人生は理想に近いものである	.686	2.64	1.01	.637
w2	私の生活環境は素晴らしいものである	.627	3.36	1.00	.621
w5	これまで私は望んだものは手に入れてきた	.441	2.33	1.06	.448
w4	もう一度人生をやり直すとしても，私には変えたいと思うところはほとんどない	.430	2.12	1.11	.416

注）w4とw5の誤差間には相関を仮定した。誤差間の相関は.330であった（標準化推定値）。

回るものであった。そこでAmosの修正指数を参照し，項目4「もう一度人生をやり直すとしても，私には変えたいと思うところはほとんどない」と項目5「これまで私は望んだものは手に入れてきた」の誤差間に相関を仮定した[3]ところ，各適合度指標は，$\chi^2(4) = 10.843$（$p = .028$），GFI = .987，AGFI = .953，CFI = .981，RMSEA = .071，AIC = 32.843と十分なあてはまりを示し，1因子構造であることが確認された。因子分析の結果および各項目の平均値と標準偏差をTable 6-2に示した。この因子を「幸福感」と命名し，5項目全てを尺度項目として採用した。Cronbachのα係数は.743であった。

6.3.3 ポジティブ志向尺度の因子構造の検討

ポジティブ志向尺度14項目について，逆転項目の処理を行ったあと，探索的因子分析（因子抽出法：最尤法，プロマックス回転）を行った。固有値の減衰状況（第1因子から順に，4.67, 1.34, 1.10, .91, .89, …）と因子の解釈可能性から，2因子として解釈することが妥当であると判断した。因子分析の結果および各項目の平均値と標準偏差をTable 6-3に示した。なお，回転前の2因子で14項目の全分散を説明する割合は42.97%であった。

---

[3] Oishi (2006) は，項目4と項目5の2項目は過去の達成に対する自分の満足を測定しており，他の3項目は，外部の生活環境や現在の満足のレベルに焦点を当てているということを指摘している。このことから，項目4と項目5の誤差間の相関の設定が理論的にも説明できると判断した。修正前のAMOSの修正指数は30.360，改善度は.286であった。また，誤差間の相関係数は.330（標準化推定値）であった。

各因子に高い負荷を示す項目の内容から，因子の意味を検討した。第1因子は，「この出来事にあったことには，悪い面ばかりでなく良い面もあると思う」

Table 6-3 ポジティブ志向尺度の探索的因子分析結果（因子抽出法：最尤法，プロマックス回転後，因子パターン行列），各項目の平均値と標準偏差（SD），および影響指標

No.	項目	F1	F2	共通性	平均値	SD	影響指標
	第1因子「上方志向」 $\alpha=.804$						
p9	私には，この出来事に対処することを可能にするために力を貸してくれる人がいると思う	.730	-.294	.340	3.62	.92	.480
p5	この出来事にあったことには，悪い面ばかりでなく良い面もあると思う	.669	.029	.474	3.48	1.03	.687
p8	今後は良いこともあると思う	.615	.145	.516	3.88	.92	.725
p13	この状況は，時間とともに良くなっていくだろうと思う	.591	-.155	.254	3.58	.92	.450
p12	この出来事を，自分の努力次第で何とかすることができると思う	.523	.130	.379	3.62	.95	.621
p4	この出来事に対処することができると思う	.513	.185	.421	3.27	.90	.674
p10	この出来事にあったからといって，私は自分自身のことを全部否定的には考えない	.489	.160	.366	3.54	.97	.603
p14	私は，この出来事と同じような出来事が今後起こらないようにできると思う	.337	.167	.215	3.08	.92	
p7	もっと悪い状態になっていたかもしれないので，それと比較すると今の自分の状態はましであると思う	.334	.248	.281	3.46	.95	
p11	自分の未来は，同じような出来事にあった他の人の未来よりも良いと思う	.287	.257	.245	3.07	.85	
	第2因子「平静維持」 $\alpha=.604$						
p1	平静な気持ちを，すぐに取り戻すことができると思う	-.205	.740	.391	2.94	1.05	.545
p6	落ち込んでしまって，何をすることもできないと思う*	-.113	.557	.241	2.96	1.04	.510
p2	同じような出来事にあった人の中では，今の自分の状態はまだましな方であると思う	.134	.514	.372	3.44	.89	.529
p3	この出来事から派生して悪いことが起こると思う*	.104	.373	.201	2.97	.94	.514
	因子間相関	.651					

注）*印は逆転項目。

など,現在の状態よりも,さらにポジティブな方向に考えようとする傾向を表す項目が高く負荷していたため,「上方志向」と命名した。第2因子は,「平静な気持ちを,すぐに取り戻すことができると思う」など,現在の状態を平静な状態に保とうとする傾向を表す項目が高く負荷していたため,「平静維持」と命名した。各因子に対して,.35以上の因子負荷量を持つ項目(上方志向:7項目,平静維持:4項目)を尺度項目として採用した。Cronbachのα係数は,「上方志向」は.804,「平静維持」は.604であった。

6.3.4 変数間の相関の検討

各変数間の関連を検討するため,相関分析を行った(Table 6-4)。分析の結果,各変数間には.300〜.461と弱い正の相関関係が見られ,楽観性,ポジティブ志向の2因子,および幸福感は相互に関連のある概念であることが明らかになった。

6.3.5 モデルの検討

次に,仮説モデル(Figure 6-1)に基づき,楽観性,ポジティブ志向,幸福感の関連を共分散構造分析により検討した。因子分析の結果より,ポジティブ志向は2因子構造であることが明らかになったため,このモデルではポジティブ志向として上方志向と平静維持の2因子を想定した。潜在変数として,各尺度の因子分析より得られた各因子を想定した。観測変数として,楽観性と幸福感については全ての尺度項目を,ポジティブ志向尺度については各因子に.35以上の因子負荷量を持つ項目を設定した。幸福感については,確認的因

Table 6-4 各変数間の相関

	楽観性	幸福感	ポジティブ志向	
			上方志向	平静維持
楽観性	1.000			
幸福感	.403**	1.000		
ポジティブ志向				
上方志向	.402**	.379**	1.000	
平静維持	.393**	.300**	.461**	1.000

**$p<.01$

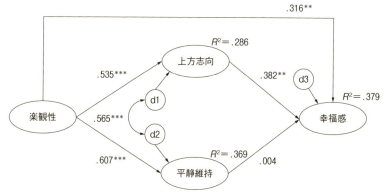

Figure 6-2　楽観性，ポジティブ志向，幸福感の関連（標準化解）
注1）$\chi^2(202) = 489.083$ ($p<.001$), GFI=.882, AGFI=.852, CFI=.841, RMSEA=.065
注2）***$p<.001$，**$p<.01$
注3）観測変数は省略した。

子分析モデルで示唆されたように，項目4と項目5の誤差間に相関を仮定した。さらに，ポジティブ志向の「上方志向」「平静維持」の2因子については，因子間に正の相関関係が見られたため，誤差間に相関を仮定した。

修正された仮説モデルを検討したところ，適合度指標は，$\chi^2(202) = 489.083$（$p<.001$），GFI=.882，AGFI=.852，CFI=.841，RMSEA=.065，AIC=591.083であった。適合度には問題がないとみなし，このモデルを採用した。また，構成概念から観測変数への影響指標は.282～.803であり（Table 6-1～6-3），いずれも0.1％水準で統計的に有意であったため，構成概念と観測変数とはほぼ適切に対応していると判断した。

最終的なモデルをFigure 6-2に示す。楽観性から上方志向，楽観性から平静維持へのパスはそれぞれ正の有意な値を示した。上方志向から幸福感へのパスは正の有意な値を示したが，平静維持から幸福感へのパスは有意ではなかった。また，楽観性から幸福感への直接のパスも正の有意な値を示した。

第4節 考　察

6.4.1 ポジティブ志向の構造について

　因子分析の結果，ポジティブ志向は，2因子として解釈するのが妥当であるという結果が得られた（Table 6-3）。Taylor & Brown (1988) が提案した3つの内容によって分かれるのでなく，ポジティブに認知する際の基準をどこに置くかの違いによって2因子に分かれるという結果となった。したがって，仮説1「ポジティブ志向は，『ポジティブな自己認知』『コントロールの評価』『現実に基礎を置かない楽観主義』の3因子に分かれる」は支持されなかった。

　この結果から，ポジティブ志向について検討する場合に，ポジティブに認知する際の基準をどこに置いているかという点を考慮することの必要性が示唆された。しかし，「平静維持」については項目の数が4項目であり，十分多いとはいえない。また，削除された項目のうち，「もっと悪い状態になっていたかもしれないので，それと比較すると今の自分の状態はましであると思う」については，ポジティブに認知する際の基準を現在よりも下方に置くことによって現在を相対的にポジティブに捉えようとする，いわば「下方比較」を示す内容であるが，「下方比較」については因子として抽出されていない。さらに，本研究では尺度の妥当性の検証が不十分である。今後，本来の概念に立ち返って妥当性を検証するとともに，新たに項目を付加するなどにより，尺度の信頼性と妥当性を高めることが必要であると考えられる。

6.4.2 楽観性，ポジティブ志向と幸福感の関連

　次に，最終的に採用されたモデル（Figure 6-2）に基づいて，楽観性，ポジティブ志向と幸福感の関連を考察する。

　楽観性とポジティブ志向の関連については，楽観性と上方志向，楽観性と平静維持の間にはそれぞれ正の関連が見られた。したがって，仮説2「楽観性とポジティブ志向の各因子とは正の関連がある」は支持された。また，楽観性は上方志向とも平静維持とも同程度の関連を有していたことから，楽観性が高い場合はポジティブ志向全体が高いということが示唆された。

第4節 考　察

　ポジティブ志向と幸福感の関連については，上方志向から幸福感へのパスは正の有意な値を示したが，平静維持から幸福感へのパスは有意ではなかった。したがって，仮説3「ポジティブ志向の各因子と幸福感とは正の関連がある」は，上方志向についてのみ支持され，平静維持については支持されなかった。

　楽観性，ポジティブ志向，幸福感の3変数間の関連については，上方志向は楽観性と幸福感の関連を媒介していたが，平静維持は媒介していなかった。したがって，仮説4「楽観性と幸福感の関連はポジティブ志向の各因子によって媒介されている」は，上方志向についてのみ支持され，平静維持については支持されなかった。

　これらの結果から，ポジティブ志向の中でも，上方志向，つまり現在よりもさらにポジティブに考えようとするような認知が，幸福感の向上に関連していることが考えられる。平静維持については，あくまで現在の状態を維持しようとすることにとどまるため，さらに高い幸福感を得ることにはつながらないと考えられる。

　また，楽観性と幸福感の直接の関連についても，有意な正の関連が見られた。したがって仮説5「楽観性は幸福感と直接的な正の関連がある」も支持された。

　以上より，楽観性と幸福感との間には，直接的な関連もあり，また，上方志向によって媒介される間接的なプロセスも存在することが示唆された。先行研究では，楽観性が高い場合，上方志向が，特にストレス時に有効な対処方略として働く可能性が指摘されている。例えば，Stanton, Danoff-Burg, & Huggins (2002) は，乳がん患者の女性を対象にした研究において，事態をポジティブに再解釈することや，その経験から何かを得て成長したと考えることは，楽観的な人には有効であり，悲観的な人には有効ではなかったという結果を得ている。また，Segerstrom (2006　荒井訳　2008) は，楽観性の高い人々がコントロール不可能なストレス要因に直面した場合に行う情動焦点型対処方略として「より良いことを探す」「よりポジティブに思えるよう，異なる角度から見るように努力する」などの方略を挙げている。これらは今回の研究で得られた上方志向に類似した内容であるため，上方志向と，楽観性が高い場合の情動焦点型対処方略とは共通した性質を持つとも考えられる。このことから，楽観性が高い場合は，コントロール困難なストレッサーに直面した場合でも，上方志

向を有するために幸福感を向上させることができる可能性があると考えられる。本研究は，状況の違いについては検討していないので，今後検討が必要であろう。

第5節　本章のまとめ

　本研究は，楽観性，ポジティブ志向および幸福感の関連を共分散構造分析によるモデル化を行って検討した。その結果，ポジティブ志向は，上方志向，平静維持の2因子から構成されることが明らかになり，この因子構造の違いはポジティブに認知する際の基準の違いによってもたらされることが示唆された。モデルの検討からは，楽観性が上方志向および平静維持と正の関連を持つこと，上方志向は幸福感と正の関連を持つが，平静維持は幸福感と関連が見られないこと，および楽観性は幸福感と直接の正の関連も持つことが明らかになった。

　本研究は，幸福感に至るプロセスを，楽観性とポジティブ志向という面から解明した点で意義のあるものであると考えられる。また，本研究においては，上方志向が特に幸福感の向上に重要であることが明らかになった。ポジティブ志向に，幸福感と関連する要素とそうでない要素があることが明らかになったことから，両者を区別して捉える必要性が示唆された。

　本研究で残された課題は以下である。

　まず，ポジティブ志向の構造と機能についてのさらなる検討が必要である。本研究では，ポジティブ志向は，ポジティブに認知する際の基準の違いによって，上方志向と平静維持の2因子に分かれることが示唆されたが，下方比較にあたる内容が因子として抽出されていない。また，上方志向は幸福感と正の関連があることが示されたが，平静維持については，その具体的な機能は不明である。この点を中心に，次章（研究6）では尺度の改善を行い，ポジティブ志向の方向性を明細化したうえで，ポジティブ志向の構造と機能をより詳細に検討する。

　また，今回測定した幸福感の内容は，いわば「獲得的」な幸福感であったことを考慮せねばならない。つまり，目標や理想を獲得して満足した状態を幸福であると捉えている。反面，他者とのつながりから得られる「関係的」な幸福

感などの面が考慮されていない。次章（研究6）では，幸福感の概念の中に「獲得的」な幸福感以外の側面も含め，楽観性およびポジティブ志向との関連を検討する。

第 7 章

楽観性，ポジティブ志向および幸福感の関連（2）
——ポジティブ志向の方向性の明細化——（研究 6 ）

第1節 問　題

　第6章（研究5）では，楽観性，ポジティブ志向，幸福感の関連を検討し，ポジティブ志向は上方志向と平静維持の2因子から構成されること，および上方志向は楽観性と幸福感の間を媒介し，平静維持は媒介しないことが明らかになった。しかし，研究5においては，いくつかの問題点が残されている。

　まず，ポジティブ志向の構造に関してである。研究5においては，ポジティブ志向はポジティブに認知する際の基準をどの水準に置くかによって2因子に分かれることが示された。つまり，ポジティブに認知する際の基準を現在の状態よりも上に置き，現在の状態よりもさらにポジティブな状態を志向する傾向である「上方志向」，およびポジティブに認知する際の基準を現在と同じ状態に置き，現在の状態を肯定し平静な状態のままに保とうとする傾向である「平静維持」の2因子である。しかし，ポジティブに認知する際の基準はこの2水準のみであろうか。Taylor (1983) は，乳がん患者において「下方比較」——より悪い状態の他者と比較することにより現在の自己や環境をポジティブに捉える傾向——が見られることを示している。また，研究5で用いたポジティブ志向尺度の項目には，内容的には下方比較と判断することが妥当であると考えられる項目も含まれていた（例：「同じような出来事にあった人の中では，今の自分の状態はまだましな方であると思う」）。以上のことから，ポジティブに認知する際の基準を現在の状態よりも下に置くもの，つまり「下方比較」もポジティブ志向を構成する因子として存在すると考えられる。しかし，研究5では下方比較は独立した因子として抽出されなかった。ポジティブに認知する際の基準を現在の状態よりも上に置くもの（上方志向），および現在と同じ状態に置くもの（平静維持）を検討するのと同時に，ポジティブに認知する際の基準を現在の状態よりも下に置くもの，つまり下方比較についても独立した因子として検討することが必要であろう。また，研究5で用いたポジティブ志向尺度については，平静維持，つまりポジティブに認知する際の基準を現在と同じ状態に置くことを示す項目が少なく，上方志向についても，「現在の状態よりもさらにポジティブな方向に考えようとする傾向」とはいえない項目も含まれ

ているため,尺度の改善が必要であると考えられる。

　第2に,幸福感の内容についてである。研究5においては,幸福感を人生満足感尺度(the Satisfaction With Life Scale, SWLS; Diener, Emmons, Larsen, & Griffin, 1985)により測定した。この項目内容を検討すると,何かを得た状態を幸福と捉える,いわば「獲得的」な幸福感を中心にしている(例:「これまで私は望んだものは手に入れてきた」)。しかし,獲得的な幸福感のみならず,他者や生命や自然とのつながりや,大きな力に生かされているという感覚も幸福感を構成する重要な要素であると考えられる。例えば,Ryff (Ryff, 1989; Ryff & Keyes, 1995; Ryff & Singer, 1998)は,幸福感を構成する次元の1つとして,積極的な他者関係(positive relationships with others)を挙げている。すなわち,獲得的な幸福感だけを検討したのでは幸福感の一面しか捉えられていないといえ,より広い視点から幸福感を規定する必要があると考えられる。

　第3に,楽観性尺度の項目についての問題点が挙げられる。研究5では,楽観性を測定するために改訂版楽観性尺度(LOT-R; Scheier, Carver, & Bridges, 1994)を用いたが,研究5におけるLOT-Rの内的一貫性は,$\alpha = .611$と決して高いとはいえない。さらに,LOT-Rの楽観性項目の3項目中2項目については,ポジティブな状態しか想定させていない表現であるのに対し(例:「私は自分の将来についていつも楽観的である」),悲観性項目(逆転項目)の3項目中2項目については,ネガティブな状態とポジティブな状態を対比させた表現となっている(例:「良いことが私に起こるなんてほとんどあてにしていない」)。この点を解決するために,楽観性尺度に独自の新しい項目を付け加える必要があると考えられる。

　以上の問題意識を踏まえ,本研究は尺度の改善を行い,ポジティブ志向の方向性を明細化したうえで,楽観性,ポジティブ志向および幸福感の相互関係を,共分散構造分析によるモデル化により明らかにすることを目的とする。研究5と同様,ポジティブ幻想は,ストレスフルな状況において現れやすく,また適応と関連していることが指摘されている(Taylor & Armor, 1996)ことを踏まえ,本研究では,ストレスフルな状況の1つである困難な出来事に遭遇した際のポジティブ志向について検討する。

　本研究の仮説としてFigure 7-1のモデルを立てた。

Figure 7-1　楽観性，ポジティブ志向，幸福感の関連についての仮説モデル
注) +は正の関連を示す。

　仮説1：楽観性とポジティブ志向とは正の関連がある。楽観性は未来に対してポジティブな期待を持つパーソナリティ特性であるため，このようなパーソナリティ特性は，自己や環境，未来をポジティブに認知すること，すなわちポジティブ志向に結びつくと考えられる。
　仮説2：ポジティブ志向と幸福感とは正の関連がある。その理由は，ポジティブ幻想と幸福感の間に正の関連が認められており（Taylor & Brown, 1988），ポジティブ志向はポジティブ幻想の概念を含むからである。
　仮説3：仮説1と仮説2に基づいて，楽観性と幸福感の関連は，ポジティブ志向によって媒介されていると考えられる。
　なお，ポジティブ志向については，本研究において新たに尺度を構成し直すため，ポジティブ志向の因子構造についての仮説は立てず，探索的に検討することとした。

第2節　方　　法

調査対象者

　私立4年制大学4校（京都，奈良，大阪，福岡）に在籍する大学生357名（男性170名，女性187名）に質問紙調査を実施した。そのうち，回答に不備のあった32名を除外し，回答に不備のない325名（18歳～22歳，平均年齢18.79歳，$SD=.731$）を分析の対象とした。性別の内訳は，男性は154名（18歳～22歳，平均年齢18.77歳，$SD=.719$），女性は171名（18歳～22歳，平均年齢18.81歳，$SD=.744$）であった。

質問紙の構成

　デモグラフィック要因（年齢，性別，大学名，学部，学年）についての質問のあと，次の3種類の内容について，（1）～（3）の順序で提示した。（1）

～（3）とも，「全然あてはまらない」（1点）から「非常にあてはまる」（5点）の5段階で評定を求めた。

（1）楽観性：Scheier et al.（1994）による改訂版楽観性尺度（the revised Life Orientation Test; LOT-R）の日本語版（坂本・田中，2002）6項目に，筆者らが独自に作成した2項目を追加し，合計8項目を用いた（Table 7-1）。LOT-Rは，楽観性に関する項目3項目，悲観性に関する項目3項目，フィラー項目4項目の計10項目から成る尺度であるが，本研究ではフィラー項目は用いなかった。

（2）幸福感：Diener et al.（1985）による，人生満足感尺度（the Satisfaction With Life Scale; SWLS）の日本語版（Uchida, Kitayama, Mesquita, Reyes, & Morling, 2008）5項目に，他者や生命や自然とのつながりから得られる幸福感として独自に作成した6項目を追加し，合計11項目を用いた（Table 7-2）。

（3）ポジティブ志向：研究5（第6章）で用いた「ポジティブ志向尺度」について，項目の追加，修正を行い，24項目を作成した。これは，研究5にてその存在が示唆された「上方志向」「平静維持」「下方比較」について，項目の再検討を行い，それぞれポジティブ項目とネガティブ項目（逆転項目）を各8項目ずつ設定したものである。この24項目については，「何か困難な出来事が起こった時，あなたはこの出来事や自分自身について次のようなことをどのくらい考えますか」と教示したうえで回答を求めた。項目の内容はTable 7-3に示した。

調査時期と調査手続き

2009年10月〜11月，授業時間の一部を利用して，集団形式による無記名式の質問紙調査を実施した。授業担当者が質問紙を配布して調査を依頼し，その場で質問紙への回答を求めた。なお，調査にあたっては無記名とするため個人のプライバシーは保護されること，調査への参加は自由意思によるものであることが，フェースシートにて確認された。

第3節 結　果

　以下の分析には，統計解析ソフトSPSS16.0J for Windows，およびAmos16.0を用いた。

7.3.1　楽観性尺度の因子構造の検討

　楽観性尺度8項目について，1因子構造を仮定した確認的因子分析を行った。その結果，各適合度指標は，$\chi^2(20) = 78.273$（$p<.001$），GFI=.937，AGFI=.886，CFI=.770，RMSEA=.095であり，1因子構造であることが確認された[1]。因子分析の結果および各項目の平均値と標準偏差をTable 7-1に示した。この因子を「楽観性」と命名し，.40以上の因子負荷量を持つ4項目を尺度項目として採用した。Cronbachのα係数は.599であった。

7.3.2　幸福感尺度の因子構造の検討

　幸福感尺度11項目について，1因子構造を仮定した確認的因子分析を行った。その結果，各適合度指標は，$\chi^2(44) = 146.479$（$p<.001$），GFI=.922，AGFI=.883，CFI=.861，RMSEA=.085となり，1因子構造であることが確認された。因子分析の結果および各項目の平均値と標準偏差をTable 7-2に示した。この因子を「幸福感」と命名し，因子負荷量の高いものから上位4項目を尺度項目として採用した。Cronbachのα係数は.763であった。

7.3.3　ポジティブ志向尺度の因子構造の検討

　ポジティブ志向尺度24項目について，探索的因子分析（因子抽出法：最尤法，

---

[1] 坂本・田中（2002）は，LOT-Rについて，楽観性と悲観性の2因子構造を仮定したモデルも検討している。そこで，本研究の楽観性尺度についても同様に，楽観性と悲観性の2因子構造を仮定したモデルについても確認的因子分析を行った。その結果，各適合度指標は，$\chi^2(19) = 56.889$（$p<.001$），GFI=.957，AGFI=.918，CFI=.957，RMSEA=.078となり，1因子モデルよりもいくぶん良い適合度であった。しかし，両因子のα係数が非常に低いこと（楽観性：.555，悲観性：.514）から，楽観性を1因子構造として解釈することが妥当であると判断した。

第3節 結 果

Table 7-1 楽観性尺度の確認的因子分析結果，各項目の平均値と標準偏差（SD）および影響指標

No.	項 目	F1	平均値	SD	影響指標
o6	概して，私は悪いことよりも良いことの方が自分の身に起こると思う	.611	3.02	.95	.608
o5	良いことが私に起こるなんてほとんどあてにしていない*	−.591	2.79	1.06	−.517
o4	私はものごとが自分の思い通りにいくとはほとんど思っていない*	−.490	3.54	1.07	−.366
o8	悪いことが起こっても，いつかは終わると思う	.436	4.17	.80	.500
o3	私は自分の将来についていつも楽観的である	.377	3.14	1.15	
o2	何か私にとってうまくいかなくなる可能性があれば，それはきっとそうなるものだ*	−.302	3.20	.94	
o1	はっきりしないときでも，ふだん私は最も良いことを期待している	.292	3.23	1.03	
o7	いつか悪いことに巻き込まれそうな気がする*	−.166	3.19	1.13	

注）*印は逆転項目。

Table 7-2 幸福感尺度の確認的因子分析結果，各項目の平均値と標準偏差（SD）および影響指標

No.	項 目	F1	平均値	SD	影響指標
w11	大体において，私の人生は理想に近いものである	.755	2.66	.99	.698
w1	私は自分の人生に満足している	.726	3.19	1.09	.793
w2	物質面はともかく，精神的には豊かな生活である	.677	3.30	1.12	.719
w9	私の生活環境は素晴らしいものである	.510	3.40	1.05	.462
w10	私は異性の友人に恵まれている	.488	2.88	1.26	
w4	これまで私は望んだものは手に入れてきた	.481	2.63	.93	
w3	私は同性の友人に恵まれている	.448	4.09	.89	
w7	もう一度人生をやり直すとしても，私には変えたいと思うところはほとんどない	.434	2.15	1.15	
w6	私は 男性／女性に生まれてきて良かったと感じる	.347	3.97	.95	
w5	自然に包まれて生きていると感じる	.319	3.18	1.04	
w8	私は家族とのつながりの中で生きている	.275	4.00	1.00	

プロマックス回転）を行った。固有値の減衰状況（第1因子から順に，5.301, 2.873, 2.148, 1.288, 1.097, .966, .886, …）と因子の解釈可能性から，5因子として解釈することが妥当であると判断した。因子負荷量が.35未満であった4項目を分析から除外し，残り20項目に対して再度探索的因子分析（因子

抽出法：最尤法，プロマックス回転）を行った。最終的な因子分析の結果および各項目の平均値と標準偏差をTable 7-3に示した。なお，回転前の5因子で20項目の全分散を説明する割合は56.86%であった。

　各因子に高い負荷を示す項目の内容から，因子の意味を検討した。第1因子には，よりネガティブな状態と比較して，現在を相対的にポジティブに認知する傾向を表す項目が高く負荷していたため，「下方比較（ポジティブ）」と命名した。第2因子には，現在の状態よりも，さらにポジティブな方向に考えようとする傾向を表す項目が高く負荷していたため，「上方志向」と命名した。第3因子には，よりネガティブな状態と比較してもなお現在をネガティブに認知する傾向を表す項目が高く負荷していたため，「下方比較（ネガティブ）」と命名した。第4因子には，現在の状態以上にポジティブな方向を目指さなくてもよいと考える傾向を表す項目が高く負荷していたため，「現状維持」と命名した。第5因子には，現在の状態を平静な状態に保とうとする傾向を表す項目が高く負荷していたため，「平静維持」と命名した。各因子について，因子負荷量の高いものから上位3項目ずつ（平静維持については2項目）を尺度項目として採用した。Cronbachのα係数は，「下方比較（ポジティブ）」は.700,「上方志向」は.730,「下方比較（ネガティブ）」は.605,「現状維持」は.691,「平静維持」は.656であった。

7.3.4　変数間の相関の検討

　各変数間の関連を検討するため，相関分析を行った（Table 7-4）。ポジティブ志向を構成する各因子のうち，楽観性と正の相関が見られたのは，上方志向，下方比較（ポジティブ），平静維持であり，負の相関が見られたのは，現状維持，下方比較（ネガティブ）であった。また，ポジティブ志向を構成する各因子と幸福感との関連については，上方志向，下方比較（ポジティブ），平静維持と幸福感の間に正の相関が，下方比較（ネガティブ）と幸福感の間に負の相関が見られた。

7.3.5　モデルの検討

　次に，仮説モデル（Figure 7-1）に基づき，楽観性，ポジティブ志向，幸

Table 7-3 ポジティブ志向尺度の探索的因子分析結果（因子抽出法：最尤法，プロマックス回転後，因子パターン行列），各項目の平均値と標準偏差（SD），および影響指標

No.	項目	F1	F2	F3	F4	F5	共通性	平均値	SD	影響指標
	第1因子：「下方比較（ポジティブ）」 α=.700									
p8	もっと悪い状態の人と比較すると，今の自分の状態はずっと良いと思う	.718	−.009	−.021	−.077	−.075	.507	3.55	.93	.716
p10	同じような出来事にあった人の中では，今の自分の状態はまだましな方であると思う	.697	−.038	−.006	−.012	.106	.504	3.34	.79	.697
p17	過去にもっと悪い状態を経験した時のことと比べると，今の自分の状態はまだましだと思う	.559	−.085	−.017	−.045	.173	.342	3.54	.93	.581
p20	同じような出来事にあった人の中には，もっと悪い状態の人がいるので，そこまででなくてよかったと思う	.540	.006	.062	.142	−.115	.316	3.29	.94	
p5	もっと悪い状態になっていたかもしれないので，それと比較すると今の自分の状態はましであると思う	.509	.239	.033	.057	−.084	.351	3.60	.82	
	第2因子：「上方志向」 α=.730									
p13	現状よりもさらに良くすることができると思う	−.057	.888	.148	−.056	.054	.716	3.71	.96	.746
p12	同じような出来事をうまく乗り越えている人がいるから，自分もうまく乗り越えられると思う	.055	.626	.046	.064	.095	.419	3.69	.96	.685
p1	今よりも，もっと良い方向を目指せると思う	.055	.506	−.076	−.035	.038	.366	3.65	.94	.623
p9	もう元の良い状態に戻すことはできないと思う*	.099	−.412	.289	.121	.121	.376	2.34	1.10	
p22	多くの人が同じような経験をしているから，自分も大丈夫だと思う	.297	.379	−.039	.106	.103	.357	3.45	.97	
p21	今の状態が悪くなることはあっても，良くなることはないと思う*	−.034	−.375	.290	.208	.035	.470	2.42	.91	
	第3因子：「下方比較（ネガティブ）」 α=.605									
p14	自分よりひどい状態の人はいないと思い，悲観的になる*	−.195	.196	.647	.151	.009	.412	2.29	1.03	.558
p23	今の状態よりも悪くなると最悪だと思って恐れる*	.203	−.043	.626	−.155	−.107	.452	3.22	1.18	.619
p2	もっと悪い状態の人を見ていると，自分もそうなってしまうかもしれないと思う	.098	.033	.545	−.042	−.092	.310	2.99	1.09	.567
p4	同じような出来事にあった人の中では，今の自分の状態は悪い方であると思う	−.146	−.147	.450	−.121	.121	.272	2.67	.83	
	第4因子：「現状維持」 α=.691									
p19	この状況を無理して良くしようとは思わない*	−.020	.091	−.032	.742	−.042	.499	2.68	1.07	.657
p18	同じような出来事にうまく対処している人を見ても，自分はそこまでは頑張りたくないと思う*	.020	−.005	.010	.701	−.015	.500	2.52	.89	.746
p7	これ以上良い方向を目指さなくてもよいと思う*	.063	−.219	−.098	.519	.047	.358	2.09	.97	.578
	第5因子：「平静維持」 α=.656									
p15	元の平静な状態を維持できると思う	.041	.095	.027	−.047	.827	.768	3.17	.88	.741
p3	平静な状態を，すぐに取り戻すことができると思う	−.046	.096	−.200	.053	.441	.356	3.15	.97	.661
	（除外した項目）									
p24	同じような出来事をうまく乗り越えた人のように，この出来事に対処したいと思う							3.94	.88	
p16	同じような出来事にあった人を見ていると，今の自分にできることはこれが限度だとあきらめる*							2.57	.94	
p6	同じような出来事にうまく対処している人がいるが，自分はそんなふうにうまく対処できないと思う*							3.33	1.06	
p11	今の状態より悪くなるのは避けたいと思う*							4.31	.86	
	因子間相関 F1	1.000								
	F2	.306	1.000							
	F3	−.136	−.552	1.000						
	F4	.016	−.387	.262	1.000					
	F5	.160	.451	−.410	−.067	1.000				

注）*印は逆転項目。

第7章 楽観性,ポジティブ志向および幸福感の関連 (2) (研究6)

Table 7-4　各変数間の相関

	楽観性	幸福感	ポジティブ志向			下方比較(ポジティブ)	下方比較(ネガティブ)
			上方志向	平静維持	現状維持		
楽観性	1.000						
幸福感	.460***	1.000					
ポジティブ志向							
上方志向	.543***	.435***	1.000				
平静維持	.357***	.327***	.473***	1.000			
現状維持	−.171**	−.039	−.288***	−.098+	1.000		
下方比較(ポジティブ)	.146**	.275***	.250***	.183**	−.009	1.000	
下方比較(ネガティブ)	−.364***	−.287**	−.315***	−.391***	.115*	−.075	1.000

***$p<.001$, **$p<.01$, *$p<.05$, +$p<.10$

福感の関連を共分散構造分析により検討した。探索的因子分析の結果より,ポジティブ志向は5因子構造であることが明らかになったため,ポジティブ志向はこれらの5因子から構成されると仮定し,そのように仮説モデルを改訂した。潜在変数として,各尺度の因子分析から得られた各因子(楽観性,上方志向,平静維持,現状維持,下方比較(ポジティブ),下方比較(ネガティブ),幸福感)を想定した。これらの潜在変数は,それぞれの尺度項目として選択された2～4項目の観測変数によって定義されるものとした。

修正された仮説モデルを検討したところ,適合度指標は$\chi^2(199) = 363.791$ ($p<.001$), GFI = .907, AGFI = .882, CFI = .907, RMSEA = .051, AIC = 471.791であった。適合度には問題がないとみなし,このモデルを採用した。また,構成概念から観測変数への影響指標は.462～.793であり(Table 7-1～7-3),いずれも0.1%水準で統計的に有意であったため,構成概念と観測変数とはほぼ適切に対応していると判断した。

最終的なモデルをFigure 7-2に示す。楽観性は,上方志向および下方比較(ポジティブ)と正の関連が見られ,上方志向,下方比較(ポジティブ)は,ともに幸福感と正の関連が見られた。楽観性は平静維持とも正の関連が見られたが,平静維持は幸福感との関連は見られなかった。他方,楽観性は,現状維持および下方比較(ネガティブ)と負の関連が見られた。現状維持は幸福感と

正の関連が見られた。

次に，楽観性からポジティブ志向各因子を媒介して幸福感に至る間接効果を検討した。特に上方志向と下方比較（ポジティブ）の間接効果を比較した。その理由は，上方志向と下方比較（ポジティブ）のいずれも楽観性からのパスが正であり，幸福感へのパスも正であったからである。「楽観性→上方志向」のパス係数が.920，「上方志向→幸福感」のパス係数が.538であったため，楽観性から上方志向を媒介して幸福感に至る間接効果は.495（.920×.538）となった。他方，「楽観性→下方比較（ポジティブ）」のパス係数が.318，「下方比較（ポジティブ）→幸福感」のパス係数が.216であったため，楽観性から下方比較（ポジティブ）を媒介して幸福感に至る間接効果は.069（.318×.216）となった。よって，楽観性から上方志向を媒介して幸福感に至る間接効果は，楽観性から下方

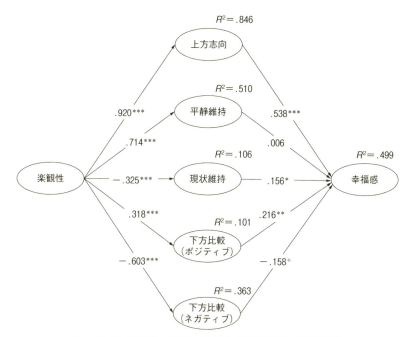

Figure 7-2　楽観性，ポジティブ志向，幸福感の関連（標準化解）
注1）　$\chi^2(199) = 363.791$ （$p<.001$），GFI = .907，AGFI = .882，CFI = .907，RMSEA = .051
注2）　$^{***}p<.001$，$^{**}p<.01$，$^{*}p<.05$，$^{+}p<.10$
注3）　観測変数，誤差変数は省略した。

比較(ポジティブ)を媒介して幸福感に至る間接効果よりも大きいことが明らかになった。

第4節 考　察

7.4.1　幸福感尺度の構造について

　本研究では，より一般的に幸福感を検討するために，「獲得的な幸福感」に加えて，他者や生命や自然とのつながりから得られる幸福感についても検討した。因子分析の結果および選択された尺度項目を検討すると，このように幸福感を捉える試みは成功したといえるだろう。因子分析の結果，他者や生命や自然とのつながりから得られる幸福感として独自に設定した項目のうち，友人とのつながりおよび精神的な豊かさを表す項目は高い因子負荷量を示したが，自然とのつながりや家族とのつながりを表す項目は低い因子負荷量しか示さなかった。このことから，自然や家族とのつながりといった，いわば獲得せずに既存のものとして存在するものから得られる幸福感は，改めて幸福感として実感されにくいということが考えられる。

7.4.2　ポジティブ志向尺度の構造について

　探索的因子分析の結果，ポジティブ志向は，5因子として解釈するのが妥当であるという結果が得られた。ポジティブ志向は，ポジティブに認知する際の基準の違いによって5因子に分かれたと考えられる。すなわち，ポジティブ志向は，自己・環境・未来をポジティブに認知する時に，基準を現在の状態よりも上に置くものが「上方志向」，基準を現在と同じ状態に置くものが「平静維持」と「現状維持」，基準を現在よりも下に置くものが「下方比較(ポジティブ)」と「下方比較(ネガティブ)」として分かれたものと考えられる。これらの中で，「下方比較(ネガティブ)」は，よりネガティブな状態と比較してもなお現在の状態をネガティブに捉える傾向を示しているので，ポジティブ志向の概念からは除外されると考えられる。これらの結果より，ポジティブ志向を検討する際に，ポジティブに認知する際の基準をどこに置いているかという点を考慮することの必要性は支持されたといえる。

7.4.3 楽観性，ポジティブ志向と幸福感の関連

次に，最終的に採用されたモデル（Figure 7-2）に基づいて，楽観性，ポジティブ志向と幸福感の関連を考察する。

上方志向と下方比較（ポジティブ）は，ともに，高い楽観性，および高い幸福感と関連していた。楽観性と幸福感の関連は先行研究でも指摘されてきたが（Carver & Scheier, 2002; Diener, Suh, Lucas, & Smith, 1999），本研究の結果から，この両者の関連を媒介しているのは，具体的には上方志向と下方比較（ポジティブ）であることが明らかになった。しかし，幸福感への間接効果を比較すると，楽観性から上方志向を媒介して幸福感に至る間接効果の方が，楽観性から下方比較（ポジティブ）を媒介して幸福感に至る間接効果よりも大きいことが明らかになった。ゆえに，幸福感の向上には，下方比較（ポジティブ）よりも上方志向の方がより重要であるといえる。ネガティブな状態と比較して現在をポジティブに捉えることも幸福感に結びつくが，それ以上に，現状をさらにポジティブに捉えることが幸福感の向上に影響を及ぼすということが明らかになった。

先行研究では，上方志向はストレスフルな状況に直面した時の有効な対処方略として働くことが示唆されている。例えば，Segerstrom（2006）は，楽観性の高い者がコントロール不可能なストレッサーに直面した場合に用いる情動焦点型対処方略として「より良いことを探す」「よりポジティブに思えるよう，異なる角度から見るように努力する」などの方略を挙げており，このような方略を用いることが，ストレス反応の軽減につながり，ストレッサーに対処するうえでより効果的であることを指摘している。Segerstrom（2006）が挙げたこのような方略は今回の研究で得られた上方志向に類似した内容であるため，上方志向と，楽観性が高い場合の情動焦点型対処方略とは共通した性質を持つとも考えられる。このことは，ストレスフルな状況にあっても，現在の状況をよりポジティブに見る意識的努力，つまり上方志向が，楽観性と幸福感の関係において重要な役割を果たしていることを示唆している。

平静維持は，楽観性とは正の関連が見られたが，幸福感との関連は見られなかった。これは研究5（第6章）と一致した結果である。楽観性が高い場合，現在の平静な状態を維持できるという認知が強く現れると考えられる。しかし，

本研究の結果からは，より高い幸福感を得るには，現在の平穏な状態を維持しようとするだけでは不十分であることが示唆された。

現状維持は，楽観性とは負の関連が見られた。現状維持の項目内容は，未来を現在の状態以上に良くしようとしない姿勢を示す。Solberg Nes & Segerstrom（2006）は，ネガティブな期待は目標を得るための努力を減じることを指摘しているが，本研究の結果はこの指摘を支持するものであると考えられる。他方，高い現状維持は高い幸福感と関連していたことから，楽観性が低い場合でも，現在の状態以上にポジティブな方向を目指さなくても，現在の状態のままで良いと認知していれば，幸福感の高揚につながる可能性があると考えられる。すなわち，現状維持は楽観性が低い場合に幸福感を高める有効な方略である可能性が示唆された。

下方比較（ネガティブ）は，楽観性とは負の関連が見られた。しかし，幸福感との有意な関連は見られなかった。

以上より，ポジティブ志向の種類によって，楽観性および幸福感との関連が異なっていることが明らかになった。このことから，ポジティブ志向の各因子はそれぞれ異なる機能を果たしているといえる。中でも，上方志向が幸福感の向上にとって最も重要であるといえよう。

第5節　本章のまとめ

本研究は，ポジティブ志向の方向性を明細化し，また，幸福感の概念に獲得的な幸福感のみならず他者や生命とのつながりから得られる幸福感も含めたうえで，楽観性，ポジティブ志向および幸福感の相互関係を共分散構造分析によるモデル化を行って検討した。その結果，ポジティブ志向尺度は，「上方志向」「平静維持」「現状維持」「下方比較（ポジティブ）」「下方比較（ネガティブ）」の5因子から構成されることが明らかになり，これらの因子構造の違いはポジティブに認知する際の基準の違いによってもたらされることが示唆された。共分散構造分析によるモデルの検討からは，楽観性が上方志向，下方比較（ポジティブ），平静維持と正の関連を持ち，現状維持，下方比較（ネガティブ）とは負の関連を持つこと，および，上方志向，下方比較（ポジティブ），現状維

持は幸福感と正の関連を持つが，平静維持と下方比較（ネガティブ）は幸福感と関連は見られないことが明らかになった。上方志向と下方比較（ポジティブ）が楽観性と幸福感の間を媒介する因子であるが，幸福感の向上において，より重要な役割を果たしているのは上方志向であることが明らかになった。

　従来，楽観性が幸福感と関連していることが指摘されてきたが（e.g., Carver & Scheier, 2002; Diener et al., 1999），その関連にどのような認知的態度が介在しているかは明らかにされてこなかった。本研究は，幸福感に至るプロセスを，楽観性とポジティブ志向という面から解明し，さらにポジティブ志向を明細化して捉えた点で意義のあるものであると考えられる。また，本研究では，ポジティブ志向の各因子は，楽観性と幸福感の関係を媒介する際に，それぞれ異なる機能を果たしていることが明らかになった。ポジティブ志向が幸福感と結びつくことはこれまでも示唆されてきた（e.g., Taylor & Brown, 1988）が，本研究では，現在の平静な状態を維持するにとどまる志向は，たとえそれがポジティブ志向を構成する因子であっても幸福感に結びつかないことが明らかになった。ゆえに，ポジティブ志向は，その機能を検討する際には内容を仔細に区別する必要があることが示唆された。

　本研究にはいくつかの限界がある。第1に，本研究では上方志向と下方比較（ポジティブ）の両者が楽観性と幸福感に関連していることが明らかになったが，上方志向と下方比較（ポジティブ）の，幸福感に対する影響力の違いが具体的に何によるものかは明らかになっていない。今後の研究では，それぞれのポジティブ志向と幸福感の間に介在する因子を明らかにすることが必要である。第2に，本研究で明らかになった楽観性，ポジティブ志向，幸福感の三者の関連がいついかなる時でも一定であるのか否かについての検討が不十分である。そこで，次章（研究7）ではこの第2の点について詳しく検討する。

第 8 章

楽観性，ポジティブ志向，幸福感の関連における
抑うつの調整効果（研究 7）

第1節 問　題

　本章においては，第6章（研究5），第7章（研究6）に引き続き，楽観性，ポジティブ志向，幸福感の間の関連について検討する。特に，状態に関する条件として抑うつを取り上げ，抑うつの程度によって，楽観性，ポジティブ志向，幸福感の関連がどのように異なるのかを検討する。

　第6章，第7章（研究5，研究6）においては，楽観性がポジティブ志向に関連し，次にポジティブ志向が幸福感に関連するという媒介的なモデルを検証した。その結果，楽観性は上方志向と下方比較（ポジティブ）を媒介して幸福感と関連すること，平静維持は楽観性と正の関連が見られるが幸福感とは関連が見られないこと，現状維持は楽観性と負の関連が見られるが幸福感とは正の関連が見られることが明らかになった。

　しかし，楽観性，ポジティブ志向，幸福感の三者の関連が，どのような状態においても一定であるかどうかについては検討の必要があると考えられる。パーソナリティ特性としての楽観性と，認知的態度としてのポジティブ志向のほかに考慮すべき要因はないのだろうか。不安研究において特性不安（trait anxiety）と状態不安（state anxiety）が区別されるように（Spielberger, 1972a, 1972b; Spielberger & Johnson, 1968），特性だけでなく状態に関する条件も検討する必要があるだろう。ここで，状態に関する重要な条件として，抑うつ（depression）に注目したい。抑うつとは，落ち込んだり，憂うつであったりといったネガティブな感情（抑うつ気分），および抑うつ気分とともに生じやすい心身の状態（興味や喜びの喪失，易疲労性，自信喪失などの抑うつ症状）を指す（坂本・大野, 2005）。抑うつの中にネガティブな感情（抑うつ気分）が含まれていることや，抑うつが人生満足感を予測する主要な要因の1つであると示されていること（Marrero & Carballeira, 2011）から，抑うつもまた幸福感に関連する重要な要因であるといえる。ゆえに，抑うつが高い状態とそうでない状態とでは，楽観性がポジティブ志向を介して幸福感に至るプロセスが異なり，抑うつが高い状態では，楽観性からポジティブ志向を経て幸福感に至る経路がうまく機能していない可能性が考えられる。

そこで，本研究は，状態に関する条件として抑うつを取り上げ，抑うつの程度に応じて，楽観性がポジティブ志向の各因子を介して幸福感の向上に至るプロセスがどのように異なるのかを検討することを目的とする。抑うつが高い者は，幸福感に及ぼす上方志向の効果が小さいと考えられる。その理由は，抑うつ症状には，興味や喜びの喪失が含まれるため（American Psychiatric Association, 2000　高橋・大野・染矢訳　2002），抑うつが高い状態では，現在の状態よりもポジティブな状態を幸福であるとみなしにくいと考えられるからである。また，抑うつが高い場合は完全主義的な傾向が高い（Burns, 1980; Frost, Marten, Lahart, & Rosenblate, 1990）ため，抑うつが高い者は現状維持が幸福感に結びつかないと考えられる。他方，抑うつの低い者においては，研究5，研究6において示されたように，上方志向が楽観性と幸福感を媒介する主要な因子であり，平静維持は幸福感に結びつかず，現状維持は楽観性と負の関連を持つが幸福感とは正の関連を持つと考えられる。

第2節　方　法

調査対象者と調査手続き

大学生559名（男性279名，女性280名）を調査対象とした。そのうち，回答に不備のあった72名[1]を除外し，487名（平均年齢20.59歳，$SD=1.52$）を分析の対象とした。うち男性は235名（平均年齢20.78歳，$SD=1.58$），女性は252名（平均年齢20.42歳，$SD=1.45$）であった。調査は，インターネット調査会社（株式会社クロス・マーケティング）が保有する約148万人のモニターの中から，18歳から25歳の4年制大学に通う大学生を対象に，2011年6月にインターネットにより実施した。文系・理系および男女の比率が均等になるようにサンプリングを行った。

調査の構成

デモグラフィック変数（年齢，性別，居住している都道府県，学年，所属学

1）「調査の構成」に示した（1）～（4）の尺度のうち，同一尺度内の全ての項目に同一の回答をしているものが1つでもある場合，その者の回答は除外した。

部）についての質問のあと，次の4種類の内容について，(1)～(4)の順序で提示した。調査はWeb画面により提示し，(1)～(4)の各ブロックの回答が終了するごとに回答をサーバーに送信し，送信後に次の画面に移ることとした。提示された全ての項目に回答しない限り次の画面に移動することはできなかった。また，次の画面に移動した後は，前画面で提示された設問への回答を訂正することはできなかった。

(1) 抑うつ：Zung (1965) の作成したSDS (Self-rating Depression Scale) の日本語版（福田・小林，1973）を用いた。全20項目について，「ない・たまに（1点）」「ときどき（2点）」「かなりのあいだ（3点）」「ほとんどいつも（4点）」の4段階で評定を求めた。

(2) 楽観性：研究6（第7章）で用いた「楽観性尺度」8項目のうち，因子負荷量が極端に低かった1項目を除いた7項目を用いた (Table 8-1)。これは，Scheier, Carver, & Bridges (1994) が作成した改訂版楽観性尺度 (the revised Life Orientation Test; LOT-R；日本語版は坂本・田中，2002) のうちフィラー項目を除外した6項目に，筆者らが独自に作成した1項目を加えたものである。各項目について，「全然あてはまらない（1点）」から「非常にあてはまる（5点）」の5段階で評定を求めた。

(3) 幸福感：研究6（第7章）で用いた「幸福感尺度」11項目を，表現がわかりにくいと思われる点を修正したうえで用いた。これは，Diener, Emmons, Larsen, & Griffin (1985) による，人生満足感尺度 (SWLS：日本語版はUchida, Kitayama, Mesquita, Reyes, & Morling, 2008) 5項目に，他者や生命や自然とのつながりから得られる幸福感として筆者らが独自に作成した6項目を加えたものである (Table 8-2)。各項目について，「全然あてはまらない（1点）」から「非常にあてはまる（5点）」の5段階で評定を求めた。

(4) ポジティブ志向尺度：研究6（第7章）で作成したポジティブ志向尺度をもとに，項目の削除，修正を行い，18項目を新たに設定した (Table 8-3)。18項目の内訳は，上方志向3項目，現状維持3項目，平静維持3項目，下方比較（ポジティブ）5項目，下方比較（ネガティブ）4項目であった。「下方比較（ネガティブ）」は，「下方比較（ポジティブ）」の逆転項目群にあたり，よりネガティブな状態と比較してもなお自己や環境をさらにネガティブに認知

することを指す。この「下方比較（ネガティブ）」を設定した理由は，現状維持が意味的には上方志向の逆転項目群となっているため，下方比較についてもその逆転項目群にあたる項目群が必要であると判断したためである。また，ポジティブ幻想はストレスフルな状況において特に現れやすくまた重要となることが指摘されている（Taylor & Armor, 1996）ことから，ポジティブ志向も同様にストレスフルな状況において現れやすくまた重要となると考えられるため，研究5（第6章），研究6（第7章）と同様に「何か困難な出来事が起こったとき，あなたはこの出来事や自分自身について次のようなことをどのくらい考えますか」と教示したうえで回答を求めた。各項目について，「全然あてはまらない（1点）」から「非常にあてはまる（5点）」の5段階で評定を求めた。

第3節 結　果

以下の分析には，統計解析ソフトSPSS16.0J for Windows，およびAmos16.0を用いた。

8.3.1 楽観性尺度の構成

楽観性尺度7項目について，1因子構造となることを確認するために，確認的因子分析を行った。その結果, 各適合度指標は，$\chi^2(14) = 138.113 (p<.001)$，GFI = .911，AGFI = .823，CFI = .829，RMSEA = .135，AIC = 166.113であった。項目2については因子負荷量が低く，また信頼性を低下させていたため（全7項目でのCronbachのα = .705），これを除外し，6項目について再度確認的因子分析を行ったところ，各適合度指標は$\chi^2(9) = 82.497 (p<.001)$, GFI = .942，AGFI = .864，CFI = .891，RMSEA = .130，AIC = 106.497となり，1因子構造であることが確認できた。因子分析の結果および各項目の平均値と標準偏差をTable 8-1に示した。この因子を「楽観性」と命名し，6項目を尺度項目として採用した。尺度項目として採用された6項目のα係数は，.754であった。

第8章 楽観性，ポジティブ志向，幸福感の関連における抑うつの調整効果（研究7）

Table 8-1 楽観性尺度の確認的因子分析結果，各項目の平均値と標準偏差（SD）

No.	項目	F1	平均値	SD
o5	良いことが私に起こるなんてほとんどあてにしていない*	−.797	3.06	1.11
o6	概して，私は悪いことよりも良いことの方が自分の身に起こると思う	.687	2.82	.98
o4	私はものごとが自分の思い通りにいくとはほとんど思っていない*	−.677	3.52	1.05
o3	私は自分の将来についていつも楽観的である	.473	2.95	1.15
o7	悪いことが起こっても，いつかは終わると思う	.444	3.71	.94
o1	はっきりしないときでも，ふだん私は最も良いことを期待している	.384	3.23	1.03
(除外した項目)				
o2	何か私にとってうまくいかなくなる可能性があれば，それはきっとそうなるものだ*		3.25	.91

注）*印は逆転項目。

8.3.2 幸福感尺度の構成

幸福感尺度11項目について，1因子構造となることを確認するために，確認的因子分析を行った。その結果，各適合度指標は，$\chi^2(44) = 222.195$ ($p < .001$)，GFI = .917，AGFI = .876，CFI = .909，RMSEA = .091であり，1因子構造であることが確認された。因子分析の結果および各項目の平均値と標準偏差をTable 8-2に示した。この因子を「幸福感」と命名し，11項目全てを

Table 8-2 幸福感尺度の確認的因子分析結果，各項目の平均値と標準偏差（SD）

No.	項目	F1	平均値	SD
w1	私は自分の人生に満足している	.802	3.03	1.14
w2	物質的にはともかく，精神的には豊かな生活である	.751	3.01	1.12
w9	私の生活環境は素晴らしいものである	.747	3.15	1.06
w11	大体において，私の人生は理想に近いものである	.719	2.51	1.06
w6	私は，この世に生まれてきて良かったと感じる	.715	3.43	1.12
w8	私は家族とのつながりの中で生きている喜びを感じる	.586	3.41	1.10
w4	これまで私は望んだものは手に入れてきた	.577	2.69	1.03
w5	自然に包まれて生きている喜びを感じる	.506	3.05	1.09
w3	私は同性の友人に恵まれている	.511	3.48	1.10
w7	もう一度人生をやり直すとしても，私には変えたいと思うところはほとんどない	.484	2.09	1.04
w10	私は異性の友人に恵まれている	.386	2.54	1.19

尺度項目として採用した。α係数は.871であった。

8.3.3 ポジティブ志向尺度の構成

ポジティブ志向尺度18項目について，研究6（第7章）と同様の5因子構造となることを確認するために，確認的因子分析を行った。その結果，各適合度指標は $\chi^2(125) = 312.249$ ($p<.001$)，GFI = .934，AGFI = .910，CFI = .928，RMSEA = .056であり，5因子構造であることが確認された。

各因子を「上方志向」「平静維持」「現状維持」「下方比較（ポジティブ）」「下方比較（ネガティブ）」と命名し，仮説通りに全ての項目をそれぞれの尺度項目として採用した。因子分析の結果および各項目の平均値と標準偏差をTable 8-3に示した。α係数を算出したところ，「上方志向」は.716，「平静維持」は.797，「現状維持」は.657，「下方比較（ポジティブ）」は.795，「下方比較（ネガティブ）」は.692であった。

8.3.4 抑うつ得点による群分けと各尺度得点の群間比較

抑うつ尺度については，先行研究（福田・小林，1973）にならい，逆転項目の処理を行ったうえで20項目の合計得点を算出し，これを抑うつ得点とした。全20項目のα係数は，.824であった。調査対象者全員の抑うつ得点の平均値は45.49であった（得点範囲：23点～76点，SD = 8.41）。そこで，平均値 ± 1/2標準偏差（45.49 ± 4.21）を基準に，調査対象者を3群に分けた。すなわち，抑うつ得点が41点以下の者を抑うつ低群（n = 150），42点から49点までの者を抑うつ中群（n = 191），50点以上の者を抑うつ高群（n = 146）とした。

楽観性，ポジティブ志向，幸福感について，各個人の尺度項目の得点を加算して項目数で除した値を算出し，個人の尺度得点とした。各尺度得点について，全体および抑うつ各群の平均値と標準偏差をTable 8-4に示した。各下位尺度得点を，群を要因とした1要因分散分析によって比較したところ，全ての変数において主効果が見られた。TukeyのHSD法により多重比較を行った結果，下方比較（ポジティブ）においては，抑うつ高群は抑うつ中群・抑うつ低群よりも得点が低かった。楽観性，幸福感，上方志向，平静維持においては，抑うつ高群は抑うつ中群よりも得点が低く，抑うつ中群は抑うつ低群よりも得点が

Table 8-3 ポジティブ志向尺度の確認的因子分析結果，各項目の平均値と標準偏差（SD）

No.	項目	F1	F2	F3	F4	F5	平均値	SD
	「上方志向」 α=.716							
p1	現状よりもさらに良くすることができると思う	.721					3.36	1.04
p6	今よりも，もっと良い方向を目指せると思う	.773					3.57	.96
p11	同じような出来事をうまく乗り越えている人がいるから，自分もうまく乗り越えられると思う	.582					3.31	1.03
	「平静維持」 α=.797							
p14	元の平穏な状態を維持できると思う		.801				3.07	.96
p9	平穏な気持ちを保てると思う		.742				3.05	1.04
p4	平穏な状態を，すぐに取り戻すことができると思う		.719				3.05	1.00
	「現状維持」 α=.657							
p12	これ以上良い方向を目指さなくてもよいと思う			.766			2.42	.98
p7	この状況を無理して良くしようとは思わない			.628			2.83	1.01
p2	同じような出来事にうまく対処している人を見ても，自分はそこまでは求めたくないと思う			.486			2.74	.90
	「下方比較（ポジティブ）」 α=.795							
p18	同じような出来事にあった人の中では，今の自分の状態はまだましな方であると思う				.780		3.22	.83
p13	もっと悪い状態の人と比較すると，今の自分の状態はずっと良いと思う				.751		3.28	.99
p8	同じような出来事にあった人の中には，もっと悪い状態の人がいるので，そこまででなくてよかったと思う				.689		3.25	.97
p3	もっと悪い状態になっていたかもしれないので，それと比較すると今の自分の状態はましであると思う				.568		3.30	.95
p16	過去にもっと悪い状態を経験した時のことと比べると，今の自分の状態はまだましだと思う				.539		3.30	.92
	「下方比較（ネガティブ）」 α=.692							
p15	自分よりひどい状態の人はいないと思い，悲観的になる					.670	2.38	1.07
p5	同じような出来事にあった人の中では，今の自分の状態は悪い方であると思う					.610	2.78	.96
p17	もっと悪い状態の人を見ていると，自分もそうなってしまうかもしれないと思う					.575	3.04	1.03
p10	今の状態よりも悪くなると最悪だと思って恐れる					.542	3.10	1.09

因子間相関	F1	F2	F3	F4	F5
F1	1.000				
F2	.678	1.000			
F3	−.317	.120	1.000		
F4	.422	.565	.269	1.000	
F5	−.478	−.466	.187	−.299	1.000

Table 8-4　全体, 抑うつ低群, 抑うつ中群, 抑うつ高群における各尺度の平均値と標準偏差（SD）

	全体 (n=487)		抑うつ低群 (n=150)		抑うつ中群 (n=191)		抑うつ高群 (n=146)		F値	有意差
	平均	SD	平均	SD	平均	SD	平均	SD		
楽観性	3.02	.70	3.49	.58	3.00	.54	2.57	.70	85.94**	低群＞中群＞高群
幸福感	2.94	.72	3.46	.60	2.95	.55	2.41	.65	114.53**	低群＞中群＞高群
ポジティブ志向										
上方志向	3.41	.81	3.90	.61	3.41	.65	2.91	.86	72.21**	低群＞中群＞高群
平静維持	3.06	.84	3.54	.80	3.07	.68	2.55	.78	65.34**	低群＞中群＞高群
現状維持	2.67	.74	2.58	.72	2.77	.71	2.61	.80	3.40*	
下方比較 (ポジティブ)	3.27	.69	3.45	.69	3.36	.61	2.97	.70	21.70**	低群, 中群＞高群
下方比較 (ネガティブ)	2.83	.75	2.51	.73	2.83	.66	3.15	.74	30.66**	低群＜中群＜高群
抑うつ	45.49	8.41	36.07	4.34	45.65	2.33	54.95	5.38	794.28**	低群＜中群＜高群

**$p<.01$,　*$p<.05$。
注）「低群」は抑うつ低群,「中群」は抑うつ中群,「高群」は抑うつ高群を示す。

低かった。

8.3.5　変数間の相関の検討

　各変数間の関連を検討するため, 相関分析を行った（Table 8-5）。上方志向, 平静維持, 下方比較（ポジティブ）と, 楽観性および幸福感との間には中程度の相関が見られたが, 現状維持に関しては, 楽観性および幸福感との有意な相関は見られなかった。

8.3.6　共分散構造分析によるモデルの検討

　仮説に基づき, 楽観性がポジティブ志向の各因子を介して幸福感に至るモデルを構成し, 共分散構造分析により検討した。潜在変数として, 各尺度の因子分析より得られた各因子を想定した。観測変数として, 各尺度の尺度項目を設定した。

　全データ（$n=487$）を用いて分析した結果, 各適合度指標は, $\chi^2(550) = 1610.286$（$p<.001$）, GFI=.822, AGFI=.797, CFI=.828, RMSEA=.063であった。GFI, AGFIがやや低く, 適合度が良いとされている.90を下回る。し

Table 8-5　各変数間の相関

	楽観性	幸福感	ポジティブ志向					抑うつ
			上方志向	平静維持	現状維持	下方比較 (ポジティブ)	下方比較 (ネガティブ)	
楽観性	1.000							
幸福感	.637***	1.000						
ポジティブ志向								
上方志向	.519***	.552***	1.000					
平静維持	.459***	.503***	.547***	1.000				
現状維持	−.068	.014	−.207***	.107*	1.000			
下方比較 　(ポジティブ)	.309***	.406***	.347***	.454***	.238***	1.000		
下方比較 　(ネガティブ)	−.425***	−.320***	−.346***	−.355***	.122**	−.187***	1.000	
抑うつ	−.589***	−.645***	−.566***	−.547***	.041	−.289***	.415***	1.000

***$p<.001$, **$p<.01$, *$p<.05$

かし，GFIは自由度が大きい場合は低くなり，観測変数の総数が多い場合はGFIが.90を下回ってもモデルを捨て去る必要はなく，RMSEAなど1自由度あたりの指標を参照すべきだという指摘がある（豊田，1998，2002）。モデルのRMSEAは.063であり，許容範囲であるため，このモデルを採用できると判断した。

　調査対象者全員のデータを用いて分析したモデルをFigure 8-1に示す。楽観性からポジティブ志向各因子へのパスについては，楽観性は，上方志向，下方比較（ポジティブ），平静維持と正の関連が見られ，下方比較（ネガティブ）と負の関連が見られた。ポジティブ志向の各因子から幸福感へのパスについては，上方志向，下方比較（ポジティブ），現状維持が幸福感と正の関連が見られ，平静維持，下方比較（ネガティブ）は幸福感との関連が見られなかった。

8.3.7　多母集団同時分析による抑うつ各群の違いの検討

　次に，楽観性がポジティブ志向の各因子を介して幸福感の向上に至るプロセスが抑うつの程度によって異なるか否かを検討するために，多母集団同時分析を行った。各尺度項目を観測変数，各尺度の因子分析より得られた各因子を潜在変数として想定し，仮説に基づいて，楽観性がポジティブ志向の各因子を介

第3節 結　果　139

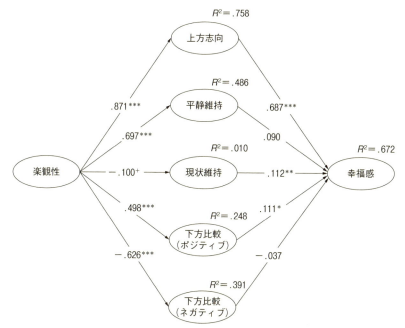

Figure 8-1　楽観性，ポジティブ志向，幸福感の関連
（調査対象者全員，標準化解）

注1）$\chi^2(550)=1610.286$ （$p<.001$），GFI=.822，AGFI=.797，CFI=.828，RMSEA=.063
注2）$^{***}p<.001$，$^{**}p<.01$，$^{*}p<.05$，$^{+}p<.10$
注3）観測変数，誤差変数は省略した。

して幸福感に至るというモデルを構成した。設定したモデルについて，抑うつの程度によるモデルの違いを検討するため，抑うつ低群，抑うつ中群，抑うつ高群について多母集団同時分析を行った。

仮説モデルの適合度は，等値条件を全く設けないモデル（配置不変）においては，$\chi^2(1650)=3089.113$ （$p<.001$），GFI=.734，AGFI=.695，CFI=.708，RMSEA=.042，AIC=3569.113であった。潜在変数（各因子）から観測変数（各項目）へのパス係数に等値条件を設けたモデル（測定不変）においては，$\chi^2(1706)=3156.200$ （$p<.001$），GFI=.729，AGFI=.699，CFI=.706，RMSEA=.042，AIC=3524.200であった。潜在変数から観測変数へのパス係数に等値制約を設けたモデルでも，各適合度指標は容認できる値であると判断し，潜在

変数から観測変数へのパス係数に等値制約を設けたモデルを採用した。GFI，AGFIがやや低いが，豊田（1998，2002）の指摘を参考に，RMSEAで十分な値が示されていたことを重視し，このモデルを採用できると判断した。

最終的に採用された各群のモデルをFigure 8-2に示す。楽観性とポジティブ志向各因子との関連については，特に現状維持において群間の違いが見られた。抑うつ低群では楽観性と現状維持の間に負の関連が見られたのに対し，抑うつ中群と抑うつ高群では両者の間に関連が見られなかった。ポジティブ志向各因子と幸福感の関連については，抑うつ低群と抑うつ中群では平静維持と幸福感の間に関連が見られなかったのに対し，抑うつ高群では両者の間に有意な正の関連が見られた。また，抑うつ低群と抑うつ中群では，現状維持と幸福感の間の正の関連が弱いながらも有意であったのに対し，抑うつ高群においては両者の間に有意な関連は見られなかった。

次に，群間でパス係数に差が見られるかどうかについて，パス係数の有意差の検定を行ったところ，楽観性から現状維持，楽観性から下方比較（ネガティ

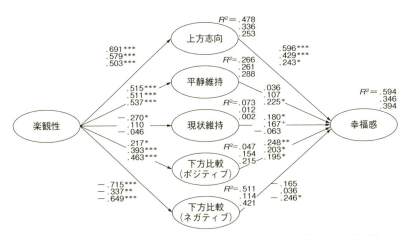

Figure 8-2　抑うつ低群・中群・高群における，楽観性，ポジティブ志向，幸福感の関連〔標準化解〕

注1）上段＝抑うつ低群（$n=150$），中段＝抑うつ中群（$n=191$），下段＝抑うつ高群（$n=146$）の値を示す。
注2）$\chi^2(1706) = 3156.200$ （$p<.001$），GFI＝.729，AGFI＝.699，CFI＝.706，RMSEA＝.042
注3）***$p<.001$，**$p<.01$，*$p<.05$，+$p<.10$
注4）観測変数，誤差変数は省略した。

ブ），現状維持から幸福感，上方志向から幸福感のパス係数において有意な差が見られた。抑うつ中群は抑うつ低群よりも，楽観性から現状維持への係数が大きく（$z=2.208$, $p<.05$），楽観性から下方比較（ネガティブ）への係数が大きかった（$z=2.416$, $p<.05$）。また，抑うつ高群は抑うつ低群よりも，上方志向から幸福感への係数が小さく（$z=1.973$, $p<.05$），現状維持から幸福感への係数も小さかった（$z=2.909$, $p<.01$）。

8.3.8 抑うつ各群における間接効果

多母集団同時分析の結果から，抑うつ各群における，楽観性がポジティブ志向各因子を介して幸福感に至る間接効果を比較した。Table 8-6 に，各群における標準化間接効果を示した。

楽観性が上方志向を介して幸福感に至る間接効果については，抑うつ低群，抑うつ中群，抑うつ高群の順にその効果が小さくなっていた。楽観性が平静維持を介して幸福感に至る間接効果については，抑うつ低群，抑うつ中群，抑うつ高群の順にその効果がわずかながら大きくなっており，抑うつ高群においては，上方志向の間接効果と，平静維持の間接効果がほぼ同程度であった。現状維持については，抑うつ低群のみ負の間接効果を示したが，どの群においてもほぼ0に近い間接効果であった。下方比較（ポジティブ）については，群間で間接効果にそれほど大きな違いが見られなかったものの，抑うつ高群と抑うつ中群は，抑うつ低群よりも下方比較（ポジティブ）の間接効果がやや大きかった。

Table 8-6 抑うつ各群における，楽観性からポジティブ志向各因子を経て幸福感に至る間接効果

	上方志向	平静維持	現状維持	下方比較（ポジティブ）	下方比較（ネガティブ）
抑うつ低群	.412	.019	−.049	.054	.118
抑うつ中群	.248	.055	.018	.080	−.012
抑うつ高群	.122	.121	.003	.090	.160

第4節　考　察

8.4.1　抑うつの調整効果

　多母集団同時分析の結果（Figure 8-2）に基づいて，本研究の中心的目的である，抑うつ各群における楽観性，ポジティブ志向および幸福感の関連を考察する。

　抑うつ低群では，楽観性と上方志向，平静維持，下方比較（ポジティブ）の間に正の関連が，現状維持，下方比較（ネガティブ）との間に負の関連が見られた。ポジティブ志向と幸福感の関連については，上方志向，現状維持，下方比較（ポジティブ）と幸福感の間に正の関連が見られたが，平静維持，下方比較（ネガティブ）と幸福感との関連は見られなかった。抑うつ中群における楽観性，ポジティブ志向および幸福感の関連は，楽観性と現状維持との間に有意な関連が見られなかったことを除いては，抑うつ低群と同様であった。

　すなわち，抑うつ低群と抑うつ中群においては，楽観性と幸福感の間を媒介しているポジティブ志向因子は，主に上方志向と下方比較（ポジティブ）であり，平静維持は両者の間を媒介していないことが示唆された。また，間接効果の比較（Table 8-6）より，幸福感の向上には，下方比較（ポジティブ）よりも上方志向を媒介した場合の方がより大きな効果を及ぼしているといえる。さらに，楽観性が高くない場合は，現状維持が幸福感の向上に弱いながらも結びついていることが示された。これらは研究6（第7章）で示された結果とほぼ同様であった。

　抑うつ高群では，抑うつ低群および抑うつ中群とは異なった三者の関連が示された。楽観性とポジティブ志向各因子との関連は，抑うつ中群と同様の関連のあり方であったが，ポジティブ志向各因子と幸福感の関連は，抑うつ低群および抑うつ中群とは顕著に異なっていた。上方志向，下方比較（ポジティブ）に加えて平静維持も幸福感と正の関連が見られており，上方志向と幸福感との関連は，抑うつ低群よりも小さいものであった。また，抑うつ低群および抑うつ中群とは異なり，現状維持と幸福感の関連は見られず，下方比較（ネガティブ）と幸福感との間に負の関連が見られた。

第4節 考　察

　各群における楽観性，ポジティブ志向および幸福感の関連のあり方と，楽観性がポジティブ志向各因子を介して幸福感に至る間接効果の比較から，抑うつ高群では，抑うつ低群および抑うつ中群と比較すると，楽観性が上方志向を介して幸福感に至る経路が効果的に機能していないことが示唆される。むしろ，抑うつ高群では，楽観性が平静維持を介して幸福感に至る経路が，上方志向を介する経路と同じくらいの効果を持っていた。

　研究5（第6章）および研究6（第7章）では，上方志向が特に幸福感の向上に重要であり，平静維持は現在の状態を維持することにとどまるため，さらに高い幸福感を得ることにはつながらないことが明らかになった。しかし，それはあくまで抑うつが高くはない状態においてのみあてはまることが本研究より示唆された。抑うつが高い状態においては，幸福感の向上に上方志向だけが特に重要であるということはいえず，平静維持や下方比較（ポジティブ）も同様に重要であるといえよう。このような違いが見られたことには，いくつかの抑うつ症状が関わっていると考えられる。まず1つには絶望感（Beck, 1972; Beck, Weissman, Lester, & Trexler, 1974）が挙げられる。絶望感を有するために，抑うつが高い場合は，そもそも上方志向としての認知的態度をとりにくく，とったとしても，良い状態は長続きするものではないと考えるため，上方志向と幸福感との関連が弱いことが考えられる。また，抑うつが高い状態では，気分の落ち込み，精神運動性の焦燥，易疲労性といった症状が現れる（American Psychiatric Association, 2000　高橋ら訳　2002）ために，そもそも精神や状態の平静を維持することが困難である可能性がある。そのため，現在の平静な状態が維持できるということが幸福感の向上に重要な意味を持つと考えられる。他方，抑うつが低い状態や中程度の状態では，精神や状態の平静を維持することが比較的容易であるため，平静維持はさらなる幸福感には結びつかないのであろう。

　また，現状維持と幸福感の間に関連が見られなかったのは抑うつ高群のみであった。このことは，抑うつ高群では，現在の状態以上に良い方向を目指さなくて良いと認知すること，言い換えれば現状に甘んじることが幸福感に結びついていないということを意味している。この結果については，抑うつが高い者が有する完全主義（perfectionism）が関わっていることが考えられる。完全

主義とは過度に完全な状態を追求することであり，抑うつ，不安，摂食障害など多くの不適応との関連が指摘されている（Burns, 1980; Frost et al., 1990）。つまり抑うつ高群では完全主義の傾向が強い者が多く，最も良い状態あるいは完全な状態でなければ満足しないという傾向が強いために，現状維持が幸福感と関連していないと考えられる。しかし，本研究では完全主義を測定する指標を設けていないため，今後完全主義を測定したうえでのさらなる検討が必要であろう。また，別の理由として，抑うつ高群はそもそも現状がよいと認識していないために，現状維持が幸福感につながらないということも考えられる。

また，抑うつ高群では，楽観性が高い場合は上方志向，下方比較（ポジティブ），平静維持が幸福感に結びつくが，楽観性が高くない場合にはポジティブ志向が幸福感に結びつかない。これに対して，抑うつ低群や抑うつ中群では，楽観性が高い場合は上方志向や下方比較（ポジティブ）が幸福感を向上させ，そうでない場合には現状維持が幸福感を向上させるという経路が効果的に機能していることが示唆される。

8.4.2　本研究の意義

本研究は，抑うつの程度による，楽観性，ポジティブ志向および幸福感の関連の違いを，多母集団同時分析により検討し，この三者の関連のあり方は抑うつの程度によって異なることを明らかにした。

従来，ポジティブな認知が精神的健康の維持や高揚に効果的であることが指摘されてきたが（Taylor & Brown, 1988），ポジティブな認知の具体的な内容の違いは区別されてはいなかった。しかし本研究では，ポジティブ志向の因子に幸福感に結びつく因子とそうでない因子があり，その結びつき方は抑うつの程度によって異なることが明らかになった。ゆえに，ポジティブ志向を検討する際にはその内容を仔細に区別する必要があることが示唆された。

本研究で得られた結果は，幸福感を高めるための介入を考えるうえでも意義がある。ポジティブ心理学の動向（Seligman, 1998）からも示唆されるように，心理学においては，単に悩みや苦痛がないという状態を維持するのみならず，積極的に人々の幸福感を高めるような方策を講じることが今後ますます必要になるだろう。本研究においては，楽観性，ポジティブ志向，幸福感の三者の関

連のあり方は抑うつの程度によって異なることが明らかになった。本研究の結果を踏まえると，抑うつが低いあるいは中程度の場合には，幸福感を向上させるためには上方志向を高めるような援助がより有効であるだろう。楽観性がそれほど高くない場合には，現状維持を促進するような援助も有効であろう。しかし，抑うつが高い場合は，抑うつが低い場合と同様の援助は必ずしも効果的ではないと考えられる。抑うつが高い場合には，上方志向のみならず，平静維持や下方比較（ポジティブ）をも促進するような援助を行い，同時に現状維持の有効性を認識させることが有効であると考えられる。今後はポジティブ志向を高めるような援助の方法を検討することも必要であろう。

第 5 節　研究 5，研究 6，研究 7 のまとめ

　第 6 章（研究 5），第 7 章（研究 6），第 8 章（研究 7）で述べた 3 つの研究の対象者の詳細，用いた尺度，主要な結果を Table 8-7 にまとめた。3 つの研究を通じて共通して得られた知見は，楽観性と幸福感の間を媒介するポジティブ志向として「上方志向」が重要だということである。ただし，上方志向の効果の大きさは抑うつの程度によって異なり，抑うつが高いと効果が小さいことも明らかになった。「下方比較（ポジティブ）」も幸福感と正の関連を持つが，上方志向ほど大きな効果は持たない。また，「平静維持」は楽観性と正の関連があるが，幸福感にはほとんど結びつかない。しかし，抑うつ得点が高い場合は，平静維持が幸福感を向上させる要因の 1 つであることが示唆される。また，「現状維持」は楽観性とは正の関連が見られないが，幸福感と正の関連を持つため，楽観性が高くない場合に幸福感を高める有効な認知のあり方であることが示唆される。しかし，抑うつ得点が高い場合にはこの経路がうまく機能しないことも示唆された。

　研究 5，研究 6，研究 7 は，幸福感に至るプロセスを，パーソナリティ特性である楽観性と認知的態度であるポジティブ志向という面から解明した点で意義のあるものであると考えられる。また，従来，ポジティブ志向の具体的な内容の違いは区別されてはいなかったが，研究 5，研究 6，研究 7 からは，ポジティブ志向の各因子が，楽観性と幸福感の関係を媒介する際に，それぞれ異な

146　第8章　楽観性，ポジティブ志向，幸福感の関連における抑うつの調整効果（研究7）

Table 8-7　楽観性，ポジティブ志向，幸福感に関する3つの研究（研究5，6，7）のまとめ

研究	対象者	尺度				結果
		楽観性	ポジティブ志向	幸福感	抑うつ	
研究5	大学生 337名（平均年齢 19.41歳，$SD=1.34$）男性230名，女性107名	LOT-R 6項目（$\alpha=.611$）	ポジティブ志向尺度 11項目 (1) 上方志向　7項目（$\alpha=.804$） (2) 平静維持　4項目（$\alpha=.604$）	SWLS 5項目（$\alpha=.743$）		
研究6	大学生 325名（平均年齢 18.79歳，$SD=0.73$）男性154名，女性171名	LOT-R 3項目 独自項目 1項目 計4項目（$\alpha=.599$）	ポジティブ志向尺度 14項目 (1) 上方志向　3項目（$\alpha=.730$） (2) 平静維持　2項目（$\alpha=.656$） (3) 現状維持　3項目（$\alpha=.691$） (4) 下方比較（ポジティブ）3項目（$\alpha=.700$） (5) 下方比較（ネガティブ）3項目（$\alpha=.605$）	SWLS 3項目 独自項目 1項目 計4項目（$\alpha=.763$）		
研究7	大学生 487名（平均年齢 20.59歳，$SD=1.52$）男性235名，女性252名	LOT-R 5項目 独自項目 1項目 計6項目（$\alpha=.754$）	ポジティブ志向尺度 18項目 (1) 上方志向　3項目（$\alpha=.716$） (2) 平静維持　3項目（$\alpha=.797$） (3) 現状維持　3項目（$\alpha=.657$） (4) 下方比較（ポジティブ）5項目（$\alpha=.795$） (5) 下方比較（ネガティブ）4項目（$\alpha=.692$）	SWLS 5項目 独自項目 6項目 計11項目（$\alpha=.871$）	SDS 20項目（$\alpha=.824$）	

注）LOT-R＝the revised Life Orientation Test, SWLS＝the Satisfaction with Life Scale, SDS＝Self-rating Depression Scale
独自項目＝独自に付加した項目
尺度の項目数は最終モデルに採用された項目数を示す。
図中の有意水準は，***$p<.001$，**$p<.01$，*$p<.05$，+$p<.10$．
観測変数，誤差変数は省略した。

る機能を果たしており，しかもその機能のあり方は抑うつの程度によって異なることも示唆された。ゆえに，ポジティブ志向を検討する際にはその内容を仔細に区別する必要があることが示唆されたといえよう。

　なお，研究7において，インターネット調査でも通常の紙ベースによる配布－回収型の調査（研究5，研究6）と同様の結果が得られたということは，インターネット調査の一定の信頼性を示すものとして特筆しておきたい。

　今後の課題は以下の通りである。

　第1に，研究6・研究7からは，上方志向と下方比較（ポジティブ）の両者が楽観性と幸福感の間を媒介していること，および，幸福感への影響力は上方志向の方がより大きいことが明らかになったが，両者の機能の違いや幸福感に対する影響力の違いをもたらす要因については未だ十分具体的に明らかになっていない。実際には，ポジティブ志向各因子と幸福感の間にはもう少し詳細なプロセスが存在する可能性もあるだろう。今後の研究では，それぞれのポジティブ志向と幸福感の間に介在する要因の存在やその経路を明らかにすることが必要である。

　さらに，楽観性，ポジティブ志向，幸福感の間の厳密な因果関係は，1回限りの質問紙調査の結果からだけでは明らかにならない。縦断法を用いた調査的な検討あるいは統制群法を用いた実験的な検討を行って，三者間の因果関係を明らかにすることが望まれる。

　また，研究5，研究6，研究7は，いずれも一般の大学生を対象にしたものなので，大学生以外においては異なった結果となる可能性がある。有職者や高齢者など年代の異なるサンプルを比較しての発達的検討も必要であろう。

第 9 章

総合的考察

第1節　研究結果のまとめ

　本書の目的は，ポジティブ心理学の立場から，ポジティブ志向の現れ方に影響を及ぼす要因と，ポジティブ志向が精神的健康の維持・高揚において果たす役割を，質問紙調査法を用いた実証的研究によって明らかにすることであった。ポジティブ志向に影響を及ぼす要因として，状況の性質，動機づけ，パーソナリティ特性に注目した。また，ポジティブ志向の果たす役割として，ストレスフルイベントにおける精神的健康の維持と，幸福感の向上に注目した。以下，前章までに示した7つの実証的研究から得られた結果をまとめる。

9.1.1　ストレスフルイベントにおけるポジティブ志向
　第2章（研究1），第3章（研究2），第4章（研究3），第5章（研究4）では，ストレスフルイベントにおけるポジティブ志向について，その現れ方に影響を及ぼす要因と，精神的健康の維持・高揚に対して果たす役割を検討した。
　まず，第2章（研究1）では，ポジティブ志向の現れやすい状況についての検討が十分になされていないことに着目し，どのようなストレスフルイベントにおいて特にポジティブ志向が現れやすいかについて，深刻性と内容の異なる12種類のストレスフルイベントにおけるポジティブ志向の現れ方を，仮想場面を用いて比較検討した。ストレスフルイベントにおけるポジティブ志向は，「コントロール可能性」と，「比較により生じるポジティブな認知」の2因子から構成されていた。コントロール可能性はストレスフルイベントの深刻性が低いほど高く認知され，また，実際にストレスフルイベントを体験した群において，体験していない群よりも高く認知されていた。他方，比較により生じるポジティブな認知については，深刻性が同じ程度であれば学業や職業に関するストレスフルイベントにおいて顕著に認知されていた。また実際にストレスフルイベントを体験した場合は，深刻性の高いイベントでも低いイベントでも同程度に認知される可能性が示唆され，ポジティブ志向を維持するための方略が深刻性の程度にかかわらず一貫している可能性が示唆された。
　第2章において，ポジティブ志向がストレスフルイベントの内容によって現

第1節　研究結果のまとめ　151

れ方が異なっているということが明らかになったため，第3章（研究2），第4章（研究3），第5章（研究4）では，特に，大学生における学業に関するストレスフルイベントに焦点を当てて検討した。

第3章（研究2）では，大学への進学動機とポジティブな自己信念が，大学生活の中で遭遇するストレスフルな状況におけるポジティブ志向とどのような関連を持つかを検討した。共分散構造分析によるモデル化を行った結果，進学動機はポジティブな自己信念を介在して，学業や進路に関するストレスフルな状況におけるポジティブ志向と関連していることが明らかになった。具体的には，積極的な進学動機（能力の向上）とポジティブな自己信念とが正の関連を持ち，消極的で非学業的な進学動機（周囲の勧め，モラトリアム）とポジティブな自己信念とが負の関連を持ち，ポジティブな自己信念は学業や進路に関するストレスフルな状況におけるポジティブ志向と正の関連を持つという媒介的な過程が存在することが明らかになった。

第4章（研究3），第5章（研究4）では，実際にストレスフルイベントに直面している者を対象とした検討を行った。大学生の経験する学業に関するストレスフルイベントとして，卒業論文作成を取り上げ，実際に卒業論文を作成している大学4年生を対象に実証的検討を行った。

第4章（研究3）では，卒業論文提出1ヶ月前の時点における，自己および状況に対するポジティブ志向の現れ方と抑うつとの関連を検討した。その結果，意欲の強さや積極性を示す「積極的自己」の側面において自己を他者よりポジティブにみなす傾向（ポジティブ幻想）が現れ，その傾向は就職を予定している者よりも進学を予定している者について特に顕著であることが明らかになった。また，自己に対するポジティブ志向，状況に対するポジティブ志向のいずれも抑うつと負の関連があり，ポジティブ志向が精神的健康を維持するための資源となっている可能性が示唆された。

第5章（研究4）では，卒業論文提出期限の半年前（夏季休暇前：7月）と1ヶ月前（12月）の時点における，自己および状況に対するポジティブ志向の現れ方と抑うつとの関連を検討した。提出期限半年前，1ヶ月前とも，卒業論文に取り組む自己の姿勢に対してポジティブ志向が見られた。また，楽観性，意志の強さ，粘り強さ，情緒安定性に関するポジティブな自己認知と抑うつの

低さが関連していた。状況に対する認知については，期限や進捗状況に対する意識が提出1ヶ月前になると強まっていた。また，期限や進捗状況に対するポジティブ志向は抑うつの低さと関連していることが明らかになった。自由記述の分析からは，卒業論文作成に伴う楽しさ，苦しさとも，夏季休暇前から12月にかけて，より具体的な作成過程や，実験・調査結果を意味づける過程に見出されるようになること，および，楽しさと苦しさは表裏一体のものであることが明らかになった。

9.1.2 幸福感の向上とポジティブ志向

第6章（研究5），第7章（研究6），第8章（研究7）では，幸福感とポジティブ志向との関連を検討した。特に，パーソナリティ特性としての楽観性と，認知的態度としてのポジティブ志向が，幸福感の向上にどのように影響するのかを，共分散構造分析によるモデル化を行って検討した。

第6章（研究5）においては，ポジティブ志向が楽観性と幸福感の間をどのように媒介するかを検討した。ポジティブ志向は，上方志向と平静維持の2因子から構成され，上方志向が楽観性と幸福感の間を媒介し，平静維持は楽観性と正の関連を持つものの，幸福感には結びつかないことが明らかになった。

第7章（研究6）においては，ポジティブ志向の方向性を明細化したうえで新たにポジティブ志向尺度の構成をし直し，また，他者や生命や自然とのつながりから得られる幸福感も幸福感の概念の中に含めたうえで，ポジティブ志向の各因子が楽観性と幸福感の間をどのように媒介するかを検討した。ポジティブ志向尺度は，上方志向，平静維持，現状維持，下方比較（ポジティブ），下方比較（ネガティブ）の5因子から構成されることが明らかになったが，下方比較（ネガティブ）は，よりネガティブな状態と比較してもなお現在の状態をネガティブに捉える傾向を示しているので，「ポジティブ志向」の概念からは除外されると考えられた。楽観性と幸福感の間を媒介しているのは上方志向と下方比較（ポジティブ）であったが，楽観性から上方志向を媒介して幸福感に至る間接効果は，楽観性から下方比較（ポジティブ）を媒介して幸福感に至る間接効果よりも大きいことが明らかになり，幸福感の向上において上方志向が特に重要であることが示唆された。平静維持は楽観性と正の関連を持つものの

幸福感には結びついていなかった。また，現状維持は楽観性と負の関連を持ち，幸福感と弱い正の関連を持つことが明らかになった。

　第8章（研究7）においては，第6章，第7章で明らかになった楽観性，ポジティブ志向，幸福感の関係が，いついかなる時でも一定であるのかという点に注目し，状態に関する条件として抑うつを取り上げ，抑うつの程度によって楽観性，ポジティブ志向，幸福感の三者の関係が異なるのかどうかを検討した。その結果，抑うつが低い者と中程度の者における楽観性，ポジティブ志向，幸福感の三者の関係については，第7章（研究6）で得られた結果とほぼ同様のものであった。しかし，抑うつが高い者については，抑うつが低い者よりも，幸福感に対する上方志向の効果が弱かった。また，抑うつが高い者については，上方志向と下方比較（ポジティブ）に加えて平静維持も楽観性と幸福感の間を媒介しており，現状維持が幸福感に結びついていないことが明らかになった。

第2節　ポジティブ志向に影響を及ぼす要因とポジティブ志向の役割

9.2.1　ストレスフルイベントにおけるポジティブ志向

　以上の研究結果から，ポジティブ志向に影響を及ぼす要因と，ポジティブ志向の役割について総括する。まず，ストレスフルイベントにおけるポジティブ志向に影響を及ぼす要因とその役割について述べる。

　研究1（第2章）・研究2（第3章）・研究3（第4章）より，ストレスフルイベントにおけるポジティブ志向の生起に影響を及ぼす要因は，ストレスフルイベントの性質——具体的には深刻性（研究1），内容（研究1），状況の重要性（研究3）——，および動機づけ（研究2：学業に関するストレスフルイベントの場合は進学動機），ポジティブな自己信念（研究2）であることが示唆された。

　具体的には，深刻性の低いストレスフルイベントにおいてポジティブ志向が現れやすく，深刻性が同程度であれば学業や職業や進路に関するストレスフルイベントにおいてポジティブ志向が現れやすい（研究1）。ただし，これらの知見は仮想場面を想定させた調査から得られたものであり，実際にストレスフルイベントを体験した場合には，深刻性の程度にかかわらずポジティブ志向が

現れる可能性があることも示唆された（研究1）。また，状況の重要性が増すとよりポジティブ志向が顕著に現れる側面がある（研究3：卒業論文作成の場合は，意欲の強さや積極性に関する自己の側面）。さらに，動機づけは，ポジティブ志向に直接的な影響を及ぼすというよりは，ポジティブな自己信念を介在した間接的な影響を及ぼしていることが示唆された（研究2）。Taylor & Brown (1988) は，ポジティブ幻想を非抑うつ者という意味での一般の人々において広く見られるものと位置づけており，その生起に関する要因については十分に明らかにされていなかったが，本書はストレスフルイベントにおけるポジティブ志向の生起に関わる要因の一部を明らかにしたといえる。

　また，実際に卒業論文作成というストレスフルイベントに直面している者を対象とした研究においても，特に積極性や意志の強さに関する自己の側面においてポジティブ志向が見られた（研究3［第4章］，研究4［第5章］）。さらに，ポジティブ志向は抑うつの低さと関連していることが明らかになった。卒業論文作成場面においては，特に自己へのポジティブ志向のうち楽観性，意志の強さ，情緒安定性，能力に関する側面が，また，状況へのポジティブ志向のうち期限や進捗状況に関する側面が，抑うつの低さと関連していることが明らかになった（研究3・研究4）。研究3・研究4で検討されたのは，あくまで相関関係であり因果関係ではないことに注意する必要はあるが，ポジティブ志向と精神的健康の指標の1つである抑うつとの関連が示唆されたといえよう。従来は，大きな脅威となるストレスフルイベントに直面した人々を対象に検討が行われてきたが，本書は，一般の大学生における重要性の高いストレスフルイベントである卒業論文作成においても，ポジティブ志向が精神的健康の維持に有用である可能性を示唆したといえる。

　研究1・研究2からは，ストレス種の領域固有性の存在も示唆される。研究1からは，学業や進路に関わるストレスフルイベントにおいてポジティブ志向が現れやすいことが明らかになった。また，研究2においては，進学動機とポジティブな自己信念との関連が見られたのは，学業および進路に関するストレス状況におけるポジティブ志向であり，ほかの領域のストレス状況におけるポジティブ志向とは関連が見られなかった。このことから，ストレスフルイベントにおけるポジティブ志向に影響を及ぼす要因，およびポジティブ志向が精神

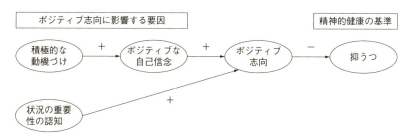

Figure 9-1　学業，職業，進路に関するストレスフルイベントにおけるポジティブ志向
注）＋は正の関連，－は負の関連を示す。

的健康の維持や高揚において果たす役割には領域固有性があることも示唆される。本書において明らかになったのは，あくまで学業，職業，進路に関するストレスフルイベントにおけるものであることに注意する必要がある。

以上より，本書から明らかになった，学業，職業，進路に関するストレスフルイベントにおけるポジティブ志向に影響する要因と，ポジティブ志向の役割を図示すると，Figure 9-1のようになる。

従来，ストレスフルイベントのもたらすネガティブな面が強調されてきたが，本書では，ストレスフルイベントにおいても，特にそれが学業や進路に関わるものであったり（研究1），自分にとって重要なものであったり（研究3）した場合は，ポジティブ志向が現れることが明らかになった。また，研究4においては，卒業論文作成というストレスフルイベントの中でも，調査対象者は楽しみというポジティブな面を見出していた。これは，ポジティブ心理学が主張している「人間の持つ強みや長所」といえるのではないだろうか。

9.2.2　幸福感の向上とポジティブ志向

幸福感の向上に関わる検討においては，ポジティブ志向が楽観性と幸福感の間を媒介することが明らかになった。従来，楽観性が幸福感と関連していることが指摘されてきたが（e.g., Carver & Scheier, 2002; Diener, Suh, Lucas, & Smith, 1999），その関連にどのような認知的態度が介在しているかは明らかにされてこなかった。本書の結果からはポジティブ志向が楽観性と幸福感の間に介在していることが示された。ただし，全てのポジティブ志向が一様に両者の

156　第9章　総合的考察

間を媒介する役割を果たすわけではなく，ポジティブに認知する際の基準の違いを考慮する必要があることが示唆された。ポジティブ志向は，ポジティブに認知する際の基準により，上方志向，平静維持，現状維持，下方比較（ポジティブ）の4つに分かれ，特に上方志向が楽観性と幸福感の間を媒介する重要な因子であり，下方比較（ポジティブ）も楽観性と幸福感の間を媒介するがその効果は上方志向よりも小さく，平静維持は楽観性と幸福感の間を媒介しないということが明らかになった。ゆえに，ポジティブ志向は，その機能を検討する際には内容を仔細に区別する必要があることが示唆された。

　また，抑うつの程度によって，楽観性，ポジティブ志向，幸福感の三者の関係は異なることも明らかになった。本書から明らかになった，抑うつが低い場合および中程度の場合と，抑うつが高い場合における，楽観性，ポジティブ志向，幸福感の関連を図示すると，Figure 9-2，Figure 9-3のようになる。具体的には，抑うつが低い場合および抑うつが中程度の場合には，上方志向と下方比較（ポジティブ）が楽観性と幸福感の間を媒介しており，平静維持は楽観性とは正の関連があるが幸福感には結びつかず，現状維持は楽観性との関連

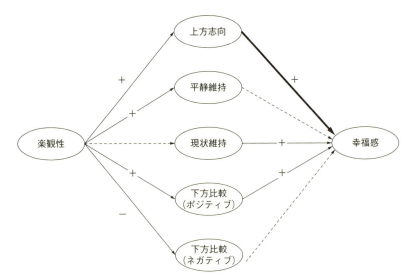

Figure 9-2　抑うつが低い場合・抑うつが中程度の場合の，楽観性，ポジティブ志向，幸福感の関連
注）＋は正の関連，－は負の関連，太線は特に強い関連，点線は関連がないことを示す。

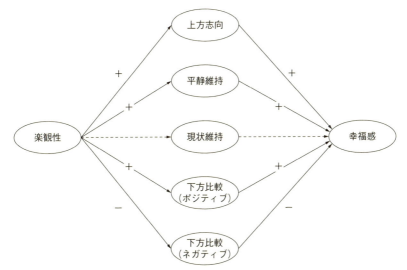

Figure 9-3 抑うつが高い場合の楽観性，ポジティブ志向，幸福感の関連
注) ＋は正の関連，－は負の関連，点線は関連がないことを示す。

は見られない，あるいは負の関連が見られるが，幸福感と弱い正の関連が見られる。これに対して抑うつが高い場合は，楽観性が上方志向を介して幸福感に至る間接効果が弱く，上方志向，下方比較（ポジティブ）に加えて平静維持も楽観性と幸福感の間を媒介しており，現状維持と幸福感との関連は見られない。ゆえに，抑うつが高い場合は，楽観性からポジティブ志向を経て幸福感に至る経路が効果的に機能していないといえる。

9.2.3 ポジティブ志向の役割

　本書は，Taylor & Brown（1988，1994）がポジティブ幻想と関連するものとして示した精神的健康の4つの基準，つまり，（1）幸福で，満足していられる能力，（2）他者に配慮し，他者と良い関係を築く能力，（3）創造的，生産的な仕事をする能力，（4）ストレスフルイベントに直面して，成長・発展・自己実現を成し遂げる能力が，ポジティブ志向とも関連すると仮定し，このうち特に，（4）と（1），すなわちストレスフルイベントにおける精神的健康の維持，および幸福感との関連を検討した。

前者については，ポジティブ志向は，ストレスフルイベントの性質によりその現れ方が異なり，特に学業や進路に関わるストレスフルイベントにおいて現れやすく，また抑うつの低減と関連することが明らかになった。後者については，ポジティブ志向は楽観性と幸福感との間を媒介し，幸福感を向上させる役割を果たすことが明らかになった。ただし，その際にポジティブに認知する際の基準の違いを考慮する必要があり，幸福感の向上においては特に上方志向が重要な役割を果たすことが明らかになった。また，抑うつが高い場合には，抑うつが低い場合および抑うつが中程度の場合と比較して，楽観性からポジティブ志向を経て幸福感に至る経路がうまく機能していないことも示唆された。

第3節　本書の意義

本書は，現実をポジティブな方向に歪めた認知（ポジティブ幻想）に限定せず，現実に沿ったポジティブな認知，および現実に沿っているのか現実をポジティブな方向に歪めているのか曖昧な認知をも含めて，「特定の方法で既知の事実を見ようとすること」（Taylor, 1983）の結果生じた「現実のポジティブな面を強調するような，必ずしも現実に基礎を置いていない」（Brown, 1993）認知のあり方であるポジティブ志向の概念を検討した。従来のポジティブ幻想の研究は，現実からのズレの有無およびズレの程度に過度に注目が集まり，より多い幻想がより良いというわけではないという指摘（Taylor & Brown, 1994）や，現実とのズレはポジティブ幻想の必要条件ではないという指摘（Taylor & Brown, 1994）が顧みられることは少なかった。しかし，このポジティブ志向の概念により，現実をポジティブな方向に歪めた認知（ポジティブ幻想）に限定することなく，ポジティブに自己や環境，未来を捉えようとする認知のあり方を，現実からのズレの有無や程度にかかわらず幅広く捉えることが可能となったと考えられる。

また，研究5（第6章）・研究6（第7章）・研究7（第8章）の結果からは，ポジティブ志向の方向性を明細化することの重要性が示唆された。Taylor & Brown（1988）はポジティブ幻想が4つの精神的健康の基準と関連していることを示しているが，全てのポジティブ志向が同様に幸福感と関連しているわけ

ではなく（研究5，研究6，研究7），その関連のあり方は抑うつの程度によっても異なる（研究7）ことが明らかになった。ゆえに，ポジティブ志向を検討する際には，ポジティブに認知する際の基準および抑うつの程度を考慮に入れ，それらを仔細に検討する必要があるといえるだろう。

また，本書は，精神的健康や幸福感を向上させるための介入に際しても実践的な示唆を持つと考えられる。

ストレスフルイベントにおけるポジティブ志向については，イベントの深刻性や内容を考慮する必要があることが示唆され，学業・職業・進路に関するストレスフルイベントにおけるポジティブ志向については，状況の性質（重要性），進学動機およびポジティブな自己信念がその生起に関連していることが明らかになった。また，自己や状況に関するポジティブ志向は，精神的健康を維持するための有効な資源である可能性が示唆された。学業・職業・進路に関するストレスフルイベントは，第3章の研究2（3.3.3）からも示されたように，大学生にとってほかの領域のストレスフルイベントよりもストレスを感じやすく，また重要度も高いものであるといえる。ゆえに，学業・職業・進路に関するストレスフルイベントにおいて，ポジティブ志向を高めるよう援助することは，大学生の精神的健康の維持・高揚という点からも重要であろう。そして，ポジティブ志向を高めるうえで，状況の性質，動機づけ（進学動機），およびポジティブな自己信念を考慮することが重要であることを示したことは，学生指導，学生支援を実施するうえでも意義のあるものだと考えられる。

幸福感とポジティブ志向の関連については，特に日本人の幸福感はデンマークや英国に比較して低いことが明らかになっている（内閣府，2010）。加えて，ポジティブ心理学の動向（Seligman, 1998）からも示唆されるように，心理学においては，単に悩みや苦痛がないという状態を維持するのみならず，積極的に人々の幸福感を高めるような方策を講じることが今後ますます必要になるだろう。本書の結果を踏まえると，抑うつが低い場合あるいは中程度の場合には，幸福感を向上させるために，平静維持を高めるのでなく上方志向を高めるような援助がより有効であるだろうと考えられる。楽観性がそれほど高くない場合には，まず現状を維持するよう働きかける，つまり現状維持を促進するような援助も有効であろう。しかし，研究7の結果からは，抑うつが高い場合は，抑

うつが低い場合と同様の援助方法は効果的ではないことが示唆されている。抑うつが高い場合も上方志向が楽観性と幸福感の間を媒介しているが，抑うつが高い場合は絶望感を有している場合が多い（Beck, 1972; Beck, Weissman, Lester, & Trexler, 1974）ことを考慮すると，上方志向を促進することは難しいことも予想される。抑うつが高い場合には，上方志向のみならず，平静維持や下方比較（ポジティブ）をも促進するような援助を行い，同時に現状維持の有効性を認識させることが有効であると考えられる。

第4節　今後の展望

本書では以上のようなことが明らかになったが，同時にいくつかの問題点も残されている。本節では，今後検討が必要であると考えられる課題について述べる。

9.4.1　ポジティブ志向と健康との関連についての詳細な検討

まず，ポジティブ志向がなぜ幸福感の向上や抑うつの低減につながるのかという点については，本書では直接には明らかにできなかった。さらに，ポジティブ志向と幸福感の向上あるいは抑うつの低減との間には，もう少し詳細なプロセスが存在する可能性も残されている。例えば，ストレスフルイベントにおいて実際にとられた対処行動，幸福感の向上に向けてとられた具体的な行動などほかの指標との関連も検討する必要があるだろう。

また，ストレスフルイベントにおける精神的健康の指標として，本書は抑うつを用いたが，抑うつが低いことがすなわち精神的健康であると捉えるのはいささか無理がある。今後，ほかの精神的健康の指標を併用する（例：the General Health Questionnaire; GHQ；精神健康調査票；Goldberg & Hillier, 1979），あるいは面接法を併用するなどして，さらに幅広い視点から精神的健康を捉える必要がある。また，ストレスフルイベントにおけるポジティブ志向の果たす役割として，本書は抑うつの低減以外については検討できていない。Taylor, Kemeny, Reed, Bower & Gruenewald（2000）ではポジティブ幻想と身体的健康との関連も指摘されていることから，ポジティブ志向と身体的健康

との関連も，生理的指標などを用いて明らかにする必要があろう。さらに，本書で用いた精神的健康の指標は，幸福感も含め，いずれも自己報告によるものであったため，身近な他者や教員，医師による報告など，自己報告以外の指標もあわせて検討する必要があるだろう。

さらに，Taylor & Brown（1988，1994）が示した4つの基準のうちの「ストレスフルイベントにおいて成長・発展・自己実現を成し遂げる能力」について，本書では成長・発展・自己実現といった側面については検討できていない。本書ではストレスフルイベントにおいてポジティブ志向が精神的健康の維持に有用であるという結果が得られたことを踏まえ，今後はストレスフルイベントにおける成長・発展・自己実現といった側面についても，面接調査や縦断的研究を行うなどして検討していく必要があるだろう。

9.4.2　ポジティブ志向と，他者と良い関係を築く能力および生産的な仕事をする能力との関連

そのうえで，ポジティブ幻想の理論（Taylor & Brown, 1988, 1994）が挙げている精神的健康の残り2つの基準，つまり，他者に配慮し，他者と良い関係を築く能力，創造的，生産的な仕事をする能力とポジティブ志向の関連を明らかにすることが求められる。また，Taylor & Brown（1988）の挙げた精神的健康の4つの基準は，互いに関連している可能性もある。例えば，創造的・生産的な仕事をする能力が幸福感と関連している可能性や，他者と良い関係を築く能力がストレスフルイベントにおける精神的健康の維持と関連している可能性も考えられる。今後は，Taylor & Brown（1988）の挙げた4つの精神的健康の基準の相互の関連，およびポジティブ志向がその中で果たす役割を検討することが求められる。

9.4.3　発達的検討

さらに，発達的な検討も必要である。ポジティブ志向，ストレスフルイベント，幸福感それぞれについて，年齢や発達段階によって異なる可能性がある。

幸福感については，Diener（1984）は，高齢者は若年者よりも人生満足感（幸福感の認知的側面）については高く，若年者は高齢者よりもポジティブな感情

（幸福感の感情的側面）が高いと主張している。

　また，ストレスフルイベントについては，今回の調査対象者であった大学生は青年期後期にあたるが，この時期においては，自我同一性の獲得，親からの自立，将来の生き方の決定，職業選択などが主な発達課題となり，これらの課題を解決する過程で直面するストレスフルイベントやストレスフルな状況に対処することが重要となる。本書において，学業・職業・進路に関するストレスフルイベントでポジティブ志向が特に現れやすかったのは，本書の調査対象者が大学生であり，学業や進路に関するストレスフルイベントが大学生にとって特に重要なものであったからである可能性もある。これに対し，ほかの発達段階においてはまた青年期とは異なった発達課題があり，それらに伴うストレスフルな状況があるだろう。

　ポジティブ志向そのものについても，どの発達段階でどのように形成されるのか，また生涯を通してどのように変化するのか，今回の調査対象者である大学生のポジティブ志向と，既に自立を果たし社会に出ている壮年期や中年期のポジティブ志向は異なるのか否かといった問題が残されている。

　今後は，年代の異なるサンプルを比較するなどし，ポジティブ志向の発達，およびポジティブ志向とストレスフルイベントにおける精神的健康や幸福感との関連のあり方の相違を検討する必要があるだろう。

9.4.4　ポジティブ志向とネガティブな情報の認知との関連についての検討

　本書で検討したポジティブ志向の前身の概念であるポジティブ幻想と，精神的健康との関連を疑問視する研究も報告されている（e.g., Colvin & Block, 1994; Colvin, Block, & Funder, 1995; Shedler, Mayman, & Manis, 1993；安田・佐藤，2000; Weinstein, 1980）。これらの研究は，ポジティブ幻想は現実のネガティブな情報の知覚を妨げるということを主張している。これに対し，Taylorらは，ポジティブ幻想は現実のネガティブな情報の検出に敏感であることを指摘している（Taylor, Collins, Skokan, & Aspinwall, 1989; Taylor & Armor, 1996）。しかし，本書においては，ポジティブ志向と現実のネガティブな情報の認知との両立がなされているか否かについての検討は十分になされていない。ゆえに，ポジティブ志向が現実のネガティブな情報の知覚を妨げ，

その結果不適応に陥るということがあるのか，それともポジティブ志向は現実のネガティブな情報の知覚と両立するのかについての検討が必要であるだろう。

9.4.5 因果関係の検討

最後に，ポジティブ志向と精神的健康の間の厳密な因果関係を明らかにする必要がある。研究 2（第 3 章）・研究 5（第 6 章）・研究 6（第 7 章）・研究 7（第 8 章）で用いた共分散構造分析によるモデル化は，多数の変数間の複雑な関係やプロセスを明らかにするのに有用な手法であった。しかし，本書に収録した研究のうち研究 4 以外は，1 回限りの質問紙調査による横断的な検討であるので，ポジティブ志向と精神的健康との関連をはじめとする各変数間の厳密な因果関係については明らかになっていない。今後は縦断的研究あるいは実験的研究を行い，因果関係を明らかにすることが求められる。

第 5 節　おわりに

自己や周囲の状況をポジティブに認知することにはどのような効果があるのだろうか。――この問いに対し，本書は，ストレスフルイベントにおける精神的健康を維持・高揚するという効果と，楽観性と幸福感の間を媒介し幸福感を向上させるという効果があることを明らかにした。自己や周囲の状況に対するポジティブな認知，つまりポジティブ志向は，単にものの見方が前向きになり明るくなるというのみならず，実質的な効果があるものと考えられる。

近年，一般的にも「ポジティブ・シンキング」の有用性が盛んに主張され，心理学の中でもポジティブ心理学という動きが出てきたように，人間のポジティブな精神機能に対する関心はますます高まってきているといえる。本書は，それらが単に「ポジティブだから良い」のではなく，ストレスフルイベントにおける精神的健康の維持や幸福感の向上という効果をもたらすものであることを明らかにしたものである。今後，様々な観点から，ポジティブ志向をはじめとするポジティブな精神機能の生起に関わる要因とその効果を検討することが必要であろう。

引用文献

Abramson, L. Y., & Alloy, L. B. (1981). Depression, non-depression, and cognitive illusions: A reply to Schwartz. *Journal of Experimental Psychology: General*, 110, 436-447.

赤井誠生 (1999). 動機づけ. 中島義明・安藤清志・子安増生・坂野雄二・繁桝算男・立花政夫・箱田裕司 (編). 心理学辞典. 有斐閣.

Alicke, M. D. (1985). Global self-evaluation as determined by the desirability and controllability of trait adjectives. *Journal of Personality and Social Psychology*, 49, 1621-1630.

Alloy, L. B., & Abramson, L. Y. (1979). Judgment of contingency in depressed and non-depressed students: Sadder but wiser? *Journal of Experimental Psychology: General*, 108, 441-485.

Alloy, L. B., & Ahrens, A. H. (1987). Depression and pessimism for the future: Biased use of statistically relevant information in predictions for self versus others. *Journal of Personality and Social Psychology*, 52, 366-378.

American Psychiatric Association (2000). *Diagnostic and statistical manual of mental disorders*. 4 th ed., Text Revision. Washington, DC: American Psychiatric Association. (高橋三郎・大野裕・染矢俊幸 (訳) (2002). DSM-Ⅳ-TR精神疾患の診断・統計マニュアル 新訂版. 医学書院.)

安藤明人 (1989). 女子大学生の大学適応に関する研究 (1) ―大学への動機づけ, 人格特性と適応との関連―. 武庫川女子大学紀要人文・社会科学編, 37, 123-135.

Argyle, M. (1987). *The psychology of happiness*. London: Methuen. (石田梅男 (訳) (1994). 幸福の心理学. 誠信書房.)

Aspinwall, L. G., & Taylor, S. E. (1992). Modeling cognitive adaptation: A longitudinal investigation of the impact of individual differences and coping on college adjustment and performance. *Journal of Personality and Social Psychology*, 63, 989-1003.

Ayyash-Abdo, H., & Alamuddin, R. (2007). Predictors of subjective well-being among college youth in Lebanon. *The Journal of Social Psychology*, 147, 265-284.

Beck, A. T. (1967). *Depression: Clinical, experimental and theoretical aspects*. New York: Harper & Row.

Beck, A. T. (1972). *Depression: Causes and treatment*. Philadelphia: University of Pennsylvania Press.

Beck, A. T., Weissman, A., Lester, D., & Trexler, L. (1974). The measurement of pessimism: The Hopelessness Scale. *Journal of Consulting and Clinical Psychology*, 42, 861-865.

Ben-Zur, H. (2003). Happy adolescents: The link between subjective well-being, internal resources, and parental factors. *Journal of Youth and Adolescence*, 32, 67-79.

Boyd-Wilson, B. M., Walkey, F. H., McClure, J., & Green, D. E. (2000). Do we need positive illusions to carry out plans? Illusion and instrumental coping. *Personality and Individual Differences*, 29, 1141-1152.

Brissette, I., Scheier, M. F., & Carver, C. S. (2002). The role of optimism in social network development, coping, and psychological adjustment during a life transition. *Journal of Personality and Social Psychology*, 82, 102-111.

Brown, J. D. (1986). Evaluations of self and others: Self-enhancement biases in social judgements. *Social Cognition*, 4, 353-376.

Brown, J. D. (1993). Coping with stress: The beneficial role of positive illusions. In A. P. Turnbull, J. M. Patterson, S. K. Befr, D. L. Murphy, J. G. Marquis, & M. J. Blue-Banning (Eds.), *Cognitive coping, families and disability*. Baltimore, MD: Paul H. Brookes. pp.123-133.

Burns, D. D. (1980). The perfectionist's script for self-defeat. *Psychology Today*, November, 34-52.

Cantril, H. (1938). The prediction of social events. *Journal of Abnormal and Social Psychology*, 33, 364-389.

Carver, C. S., Pozo, C., Harris, S. D., Noriega, V., Scheier, M. F., Robinson, D. S., Ketcham, A. S., Moffat, F. L., Jr., & Clark, K. C. (1993). How coping mediates the effect of optimism on distress: A study of women with early stage breast cancer. *Journal of Personality and Social Psychology*, 65, 375-390.

Carver, C. S., & Scheier, M. F. (1998). *On the self-regulation of behavior*. New York: Cambridge University Press.

Carver, C. S., & Scheier, M. F. (2002). Optimism. In C. R. Snyder & S. J. Ropez (Eds.), *Handbook of positive psychology*. New York: Oxford University Press. pp. 231-243.

Carver, C. S., Scheier, M. F., & Segerstrom, S. C. (2010). Optimism. *Clinical Psychology Review*, 30, 879-889.

Chang, E. C., Maydeu-Olivares, A., & D'Zurilla, T. J. (1997). Optimism and pessimism as partially independent constructs: Relationships to positive and negative affectivity and psychological well-being. *Personality and Individual Differences*, 23, 433-440.

Colvin, C. R., & Block, J. (1994). Do positive illusions foster mental health? An examination of the Taylor and Brown formulation. *Psychological Bulletin*, 116, 3-20.

Colvin, C. R., Block, J., & Funder, D. C. (1995). Overly positive self-evaluations and personality: Negative implications for mental health. *Journal of Personality and Social Psychology*, 68, 1152-1162.

Curbow, B., Somerfield, M. R., Baker, F., Wingard, J. R., & Legro, M. W. (1993). Personal changes, dispositional optimism, and psychological adjustment to bone marrow transplantation: Implications for quality of life assessment. *Journal of Behavioral*

Medicine, **19**, 221-240.

Cutrona, C. E. (1982). Transition to college: Loneliness and the process of social adjustment. In L. A. Peplau & D. Perlman (Eds.), *Loneliness: A source book of current theory, research and therapy.* New York: John Wiley & Sons. pp.291-309.

Dember, W. N., Martin, S. H., Hummer, M. K., Howe, S. R., & Melton, R. S. (1989). The measurement of optimism and pessimism. *Current Psychology: Research & Reviews,* **8**, 102-119.

Diener, E. (1984) . Subjective well-being. *Psychological Bulletin,* **95**, 542-575.

Diener, E., Emmons, R. A., Larsen, R. J., & Griffin, S. (1985). The Satisfaction With Life Scale. *Journal of Personality Assessment,* **49**, 71-75.

Diener, E., Suh, E. M., Lucas, R. E., & Smith, H. L. (1999). Subjective well-being: Three decades of progress. *Psychological Bulletin,* **125**, 276-302.

Felson, R. B. (1984). The effect of self-appraisals of ability on academic performance. *Journal of Personality and Social Psychology,* **47**, 944-952.

Fitzgerald, T. E., Tennen, H., Affleck, G., & Pransky, G. S. (1993). The relative importance of dispositional optimism and control appraisals in quality of life after coronary artery bypass surgery. *Journal of Behavioral Medicine,* **16**, 25-43.

Freedman, J. (1978). *Happy people: What happiness is, who has it, and why.* New York: Harcourt Brace Jovanovich.

Friedman, L. C., Nelson, D. V., Baer, P. E., Lane, M., Smith, F. E., & Dworkin, R. J. (1992). The relationship of dispositional optimism, daily life stress, and domestic environment to coping methods used by cancer patients. *Journal of Behavioral Medicine,* **15**, 127-141.

Frost, R. O., Marten, P. A., Lahart, C., & Rosenblate, R. (1990). The dimensions of perfectionism. *Cognitive Therapy and Research,* **14**, 449-468.

渕上克義 (1984). 進学志望の意思決定過程に関する研究. 教育心理学研究, **32**, 59-63.

福田一彦・小林重雄 (1973). 自己評価式抑うつ性尺度の研究. 精神神経学雑誌, **75**, 673-679.

Gallagher Tuleya, L. (Ed.) (2007). *Thesaurus of psychological index terms* (11th ed.). Washington, DC: American Psychological Association.

Gibbons, E. X. (1986). Social comparison and depression: Company's effect on misery. *Journal of Personality and Social Psychology,* **51**, 140-149.

Goldberg, D. P. & Hillier, V. F. (1979). A scaled version of the General Health Questionnaire. *Psychological Medicine,* **9**, 139-145.

Greenwald, A. G. (1981). Self and memory. In G. H. Bower (Ed.), *The psychology of learning and motivation.* Vol.15. New York: Academic Press. pp. 201-236.

Holmes, T. H., & Rahe, R. H. (1967). The Social Readjustment Rating Scale. *Journal of Psychosomatic Research,* **11**, 213-218.

堀毛一也 (2010). ポジティブ心理学の展開. 現代のエスプリ, **512**, 5-27.

石井留美 (1997). 主観的幸福感研究の動向. コミュニティ心理学研究, **1**, 94-107.

Jahoda, M. (1958). *Current concepts of positive mental health.* New York: Basic Books.
Jourard, S. M., & Landsman, T. (1980). *Healthy personality: An approach from the viewpoint of humanistic psychology* (4 th ed.). New York: Macmillan.
神村栄一（1999）．パーソナリティ．中島義明・安藤清志・子安増生・坂野雄二・繁桝算男・立花政夫・箱田裕司（編）．心理学辞典．有斐閣．
小杉正太郎（2002）．ストレスとは何か．小杉正太郎（編著）ストレス心理学―個人差のプロセスとコーピング―．川島書店 pp.1-4．
厚生労働省（2014）．平成25年国民生活基礎調査の概況．
　　http://www.mhlw.go.jp/toukei/saikin/hw/k-tyosa13/dl/04.pdf
Kuiper, N. A., & Derry, P. A. (1982). Depressed and nondepressed content self-reference in mild depression. *Journal of Personality,* **50**, 67-79.
桑原知子（1991）．人格の二面性について．風間書房．
Langer, E. J. (1975). The illusion of control. *Journal of Personality and Social Psychology,* **32**, 311-328.
Lazarus, R. S., & Folkman, S. (1984). *Stress, appraisal, and coping.* New York: Springer. (本明寛・春木豊・織田正美（監訳）（1991）．ストレスの心理学―認知的評価と対処の研究―．実務教育出版．)
Lewinson, P. M., Mischel, W., Chaplin, W., & Barton, R. (1980). Social competence and depression: The role of illusory self-perceptions. *Journal of Abnormal Psychology,* **89**, 203-212.
MacFarland, C., & Ross, M. (1982). The impact of causal attributions on affective reactions to success and failure. *Journal of Personality and Social Psychology,* **43**, 937-946.
Marrero, R. J., & Carballeira, M. (2011). Well-being and personality: Facet-level analyses. *Personality and Individual Difference,* **50**, 206-211.
文部科学省（2014）．平成26年度学校基本調査　調査結果の概要（初等中等教育機関，専修学校・各種学校）．
　　http://www.mext.go.jp/component/b_menu/other/__icsFiles/afieldfile/2014/12/19/1354124_2_1.pdf
Myers, D. G., & Diener, E. (1995). Who is happy? *Psychological Science,* **6**, 10-19.
Myers, L. B., & Brewin, C. R. (1996). Illusions of well-being and the repressive coping style. *British Journal of Social Psychology,* **35**, 443-457.
長島貞夫・藤原喜悦・原野広太郎・斎藤耕二・堀洋道（1967）．自我と適応の関係についての研究（2）―Self-Differentialの作製―．東京教育大学教育学部紀要，**13**, 59-83.
内閣府（2010）．平成21年度国民生活選好度調査結果の概要について．
　　http://www5.cao.go.jp/seikatsu/senkoudo/senkoudo.html
根建由美子・田上不二夫（1995）．主観的幸福感に関する展望．カウンセリング研究，**28**, 203-211.
Oishi, S. (2006). The concept of life satisfaction across cultures: An IRT analysis. *Journal of Research in Personality,* **40**, 411-423.

大石繁宏 (2009). 幸せを科学する―心理学からわかったこと. 新曜社.
岡安孝弘 (1999). ストレス. 中島義明・安藤清志・子安増生・坂野雄二・繁桝算男・立花政夫・箱田裕司 (編). 心理学辞典. 有斐閣.
Robins, R. W., & Beer, J. S. (2001). Positive illusions about the self: Short-term benefits and long-term costs. *Journal of Personality and Social Psychology*, 80, 341-352.
Ryff, C. D. (1989). Happiness is everything, or is it? Explorations on the meaning of psychological well-being. *Journal of Personality and Social Psychology*, 57, 1069-1081.
Ryff, C. D., & Keyes, C. L. M. (1995). The structure of psychological well-being revisited. *Journal of Personality and Social Psychology*, 69, 719-727.
Ryff, C. D., & Singer, B. (1998). The contours of positive human health. *Psychological Inquiry*, 9, 1-28.
坂本真士・大野裕 (2005). 抑うつとは. 坂本真士・丹野義彦・大野裕 (編). 抑うつの臨床心理学. 東京大学出版会. pp. 7-28.
坂本真士・田中江里子 (2002). 改訂版楽観性尺度 (the revised Life Orientation Test) の日本語版の検討. 健康心理学研究, 15 (1), 59-63.
坂野雄二 (1999). ストレスの基礎研究の現状―心理学・行動科学―. 河野友信・石川俊男 (編). ストレス研究の基礎と臨床 (現代のエスプリ別冊　現代のストレスシリーズ2). 至文堂. pp. 68-77.
Scheier, M. F., & Carver, C. S. (1985). Optimism, coping, and health: Assessment and implications of generalized outcome expectancies. *Health Psychology*, 4, 219-247.
Scheier, M. F., & Carver, C. S. (1992). Effects of optimism on psychological and physical well-being: Theoretical overview and empirical update. *Cognitive Therapy and Research*, 16, 201-228.
Scheier, M. F., Carver, C. S., & Bridges, M. W. (1994). Distinguishing optimism from neuroticism (and trait anxiety, self-mastery, and self-esteem): A reevaluation of the life orientation test. *Journal of Personality and Social Psychology*, 67, 1063-1078.
Scheier, M. F., Carver, C. S., & Bridges, M. W. (2001). Optimism, pessimism, and psychological well-being. In E. C. Chang (Ed.), *Optimism and pessimism: Implications for theory, research, and practice*. Washington, DC: American Psychological Association. pp.189-216.
Scheier, M. F., Matthews, K. A., Owens, J. F., Magovern Sr., G. J., Lefebvre, R. C., Abbott, R. A., & Carver, C. S. (1989). Dispositional optimism and recovery from coronary artery bypass surgery: The beneficial effects on physical and psychological well-being. *Journal of Personality and Social Psychology*, 57, 1024-1040.
Segerstrom, S. C. (2006). *Breaking Murphy's law: How optimists get what they want from life-and pessimists can too*. New York: Guilford Press. (荒井まゆみ (訳)・島井哲志 (監訳) (2008). 幸せをよぶ法則―楽観性のポジティブ心理学. 星和書店.)
Segerstrom, S. C. (2007). Optimism and resources: Effects on each other and on health over 10 years. *Journal of Research in Personality*, 41, 772-786.

Seligman, M. E. P. (1991). *Learned optimism.* New York: A.A. Knopf.
Seligman, M. E. P. (1998). Building human strength: Psychology's forgotten mission. *APA Monitor,* **29**, January, 2.
Shedler, J., Mayman, M., & Manis, M. (1993). The illusion of mental health. *American Psychologist,* **48**, 1117-1131.
島井哲志（編）(2006). ポジティブ心理学―21世紀の心理学の可能性―. ナカニシヤ出版
島井哲志 (2009). ポジティブ心理学入門―幸せを呼ぶ生き方―. 星和書店.
下山晴彦 (1992). 大学生のモラトリアムの下位分類の研究―アイデンティティの発達との関連で―. 教育心理学研究, **40**, 121-129.
下山晴彦 (1996). スチューデント・アパシー研究の展望. 教育心理学研究, **44**, 350-363.
白井利明・高橋一郎 (2008). よくわかる卒論の書き方. ミネルヴァ書房.
Snyder, C. R., & Lopez, S. J. (2007). *Positive psychology: The scientific and practical explorations of human strengths.* Thousand Oaks, CA: Sage Publications.
Solberg Nes, L., & Segerstrom, S. C. (2006). Dispositional optimism and coping: A meta-analytic review. *Personality and Social Psychology Review,* **10**, 235-251.
園田明人・藤南佳代 (1998). オプティミズム・ペシミズムの構造分析と健康感との関係. 健康心理学研究, **11**（2）, 1-14.
Spielberger, C. D. (Ed.) (1972a). *Anxiety: Current trends in theory and research* (Vol. 1). New York: Academic Press.
Spielberger, C. D. (Ed.) (1972b). *Anxiety: Current trends in theory and research* (Vol. 2). New York: Academic Press.
Spielberger, C. D., & Johnson, D. T. (1968). Effects of relaxation and the passage of time on measures of state and trait anxiety. *Journal of Clinical Psychology,* **24**, 20-23.
Stanton, A. L., Danoff-Burg, S., & Huggins, M. E. (2002). The first year after breast cancer diagnosis: hope and coping strategies as predictors of adjustment. *Psycho-Oncology,* **1**, 93-102.
Taylor, S. E. (1983). Adjustment to threatening events: A theory of cognitive adaptation. *American Psychologist,* **38**, 1161-1173.
Taylor, S. E. (1989). *Positive illusions: Creative self-deception and healthy mind.* New York: Basic Books.
Taylor, S. E., & Armor, D. A. (1996). Positive illusions and coping with adversity. *Journal of Personality,* **64**, 873-898.
Taylor, S. E., & Brown, J. D. (1988). Illusion and well-being: A social psychological perspective on mental health. *Psychological Bulletin,* **103**, 193-210.
Taylor, S. E., & Brown, J. D. (1994). Positive illusions and well-being revisited: Separating fact from fiction. *Psychological Bulletin,* **116**, 21-27.
Taylor, S. E., Collins, R. L., Skokan, L. A., & Aspinwall, L. G. (1989). Maintaining positive illusions in the face of negative information: Getting the facts without letting them get to you. *Journal of Social and Clinical Psychology,* **8**, 114-129.

Taylor, S. E., Kemeny, M. E., Aspinwall, L. G., Schneider, S. G., Rodriguez, R, & Herbert, M. (1992). Optimism, coping, psychological distress, and high-risk sexual behavior among men at risk for Acquired Immunodeficiency Syndrome (AIDS). *Journal of Personality and Social Psychology*, **63**, 460-473.

Taylor, S. E., Kemeny, M. E., Reed, G. M., & Aspinwall, L. G. (1991). Assault on the self: Positive illusions and adjustment to threatening events. In J. Strauss & G. R. Goethals (Eds.), *The self: Interdisciplinary approaches*. New York: Springer-Verlag. pp.239-254.

Taylor, S. E., Kemeny, M. E., Reed, G. M., Bower, J. E., & Gruenewald, T. L. (2000). Psychological resources, positive illusions, and health. *American Psychologist*, **55**, 99-109.

Taylor, S. E., Lichtman, R. R., & Wood, J. V. (1984). Attributions, beliefs about control, and adjustment to breast cancer. *Journal of Personality and Social Psychology*, **46**, 489-502.

鉄島清毅 (1993). 大学生のアパシー傾向に関する研究―関連する諸要因の検討―. 教育心理学研究, **41**, 200-208.

栩木伸明 (1995). 卒論を書こう―テーマ探しからスタイルまで―. 三修社.

戸ヶ崎泰子・坂野雄二 (1993). オプティミストは健康か？ 健康心理学研究, **6** (2), 1-11.

外山美樹・桜井茂男 (2000). 自己認知と精神的健康の関係. 教育心理学研究, **48**, 454-461.

外山美樹・桜井茂男 (2001). 日本人におけるポジティブ・イリュージョン現象. 心理学研究, **72**, 329-335.

豊田秀樹 (1998). 共分散構造分析（入門編）―構造方程式モデリング―. 朝倉書店

豊田秀樹 (2002). 「討論：共分散構造分析」の特集にあたって. 行動計量学, **29**, 135-137.

Uchida, Y., Kitayama, S., Mesquita, B., Reyes, J. A. S., & Morling, B. (2008). Is perceived emotional support beneficial? Well-being and health in independent and interdependent cultures. *Personality and Social Psychology Bulletin*, **34**, 741-754.

Watson, D., Clark, L. A., & Tellegen, A. (1988). Development and validation of brief measures of positive and negative affect: The PANAS Scales. *Journal of Personality and Social Psychology*, **54**, 1063-1070.

Weinstein, N. D. (1980). Unrealistic optimism about future life events. *Journal of Personality and Social Psychology*, **39**, 806-820.

安田朝子・佐藤徳 (2000). 非現実的な楽観傾向は本当に適応的といえるか―「抑圧型」における楽観傾向の問題について―. 教育心理学研究, **48**, 203-214.

読売新聞（東京本社）朝刊 2010年3月19日．［大学の実力・500校分析］卒業論文（1）授業とは異なる効果期待．21面．

Zung, W. W. K. (1965). A Self-Rating Depression Scale. *Archives of General Psychiatry*, **12**, 63-70.

付　録

「ストレスフルイベントにおけるポジティブ志向尺度」（研究1で使用）
 1．平静な気持ちを，すぐに取り戻すことができると思う
 2．同じような出来事にあった人の中では，今の自分の状態はましな方であると思う
 3．この出来事から派生して悪いことが起こると思う
 4．この出来事に対処することができると思う
 5．この出来事にあったことには，悪い面ばかりでなく良い面もあると思う
 6．（イベントごとに「事態の好転を期待」を表す項目を独自に設定）
 7．落ち込んでしまって，何をすることもできないと思う
 8．もっと悪い状態になっていたかもしれないので，それと比較すると今の自分の状態はましであると思う
 9．今後は良いこともあると思う
10．私には，この出来事に対処することを可能にするために力を貸してくれる人がいると思う
11．この出来事にあったからといって，私は自分自身のことを全部否定的には考えない
12．自分の未来は，同じような出来事にあった他の人の未来よりも良いと思う
13．（イベントごとに「再発の防止」を表す項目を独自に設定）

「大学進学動機尺度」（研究2で使用）
 1．私の両親が勧めてくれたから
 2．私の先生が勧めてくれたから
 3．私の友人が勧めてくれたから
 4．国家資格，学位，免許状などを取得したかったから
 5．私の友人もたいてい大学に行ったから
 6．大学で成功するだけの能力を持っていると思っているから
 7．大学で自分の技能や能力をさらに伸ばしたいから
 8．まだあまり働きたくないから
 9．大学のクラブ・サークルでスポーツや音楽の生活にひたりたいから
10．現段階では他に何をしてよいか思いつかないから
11．わくわくするような社会生活を過ごしたいから

「自身についての個人的見解尺度」（研究2で使用）
 1．今の自分に満足している
 2．現在の友人やその数に満足している
 3．現在のところ，自分の人生がたどっている方向に満足している
 4．人生で起こる出来事を自分でコントロールできると感じている
 5．私は自分がまじめな学生だと思っている

「自身の未来についての見解尺度」（研究2で使用）
 1．自分の人生が両親と同じようになったらよいと思う
 2．自分の将来を楽しみにしている
 3．自分の未来の職業生活は充実したものと思う

「ストレスフルな状況におけるポジティブ志向尺度」（研究2で使用）
1. このストレスは，自分にとって悪いことばかりでなく良いこともももたらすと思う
2. 同じようなことでストレスを感じている人の中では，今の自分の状態はまだましな方であると思う
3. 今の状況を，自分の努力次第でなんとかすることができると思う
4. 今の状況は良くなっていくだろうと思う
5. 自分の未来は同じようなことでストレスを感じている他の人の未来よりも良いと思う

「自己認知尺度」（研究3で使用）
1. 意欲的な
2. あきらめの早い
3. 意志の強い
4. 積極的な
5. 自信をもっている
6. 無気力な
7. 前向きな
8. 楽観的な

「卒業論文作成状況に対する認知尺度」（研究3，研究4で使用，（ ）内は研究4における提示順序）
1. （7） 卒業論文は私の糧になると思う
2. （6） 卒業論文を書かなくても卒業できる学部の人がうらやましい
3. （10）卒業論文を期限に間に合うように提出できると思う
4. （4） テーマの設定がこれでよかったのかどうか自信がない
5. （5） 私の卒業論文作成の進行状況は順調だと思う
6. （2） 期限に間に合うように提出できないのではないかと不安である
7. （1） 卒業論文を私の努力次第で完成させることができると思う
8. （9） 私はよい卒業論文を書き上げられると思う
9. （11）卒業論文の作成がうまく進まない時があると落ち込んでしまう
10. （3） 卒業論文の完成を妨げるような出来事は起こらないだろうと思う
11. （8） 他の人の卒業論文の進行状況が気になる
12. （12）卒業論文を作成することは私を人間的に成長させる機会であると思う

「抑うつ尺度」（研究3，研究4，研究7で使用）
1. 気が沈んで，憂うつだ
2. 朝方はいちばん気分がよい
3. 泣いたり，泣きたくなる
4. 夜よく眠れない
5. 食欲はふつうだ
6. 異性に対する関心がある
7. やせてきたことに気がつく
8. 便秘している
9. ふだんよりも動悸がする
10. 何となく疲れる
11. 気持ちはいつもさっぱりしている
12. いつもとかわりなく仕事をやれる

13. 落ち着かず，じっとしていられない
14. 将来に希望がある
15. いつもよりいらいらする
16. たやすく決断できる
17. 役に立つ，働ける人間だと思う
18. 生活はかなり充実している
19. 自分が死んだほうが他の者は楽に暮らせると思う
20. 日頃していることに満足している

「自己認知尺度」（研究4で使用）
1．意欲的な
2．悩みがちな
3．独創的な
4．無責任な
5．積極的な
6．楽観的な
7．視野の狭い
8．勤勉な
9．あきらめの早い
10. 前向きな
11. 好奇心の強い
12. あきっぽい
13. 意志の強い
14. 神経質な
15. 有能な
16. 慎重な
17. 弱気な
18. 自信を持っている
19. 不器用な
20. しんぼう強い

「楽観性尺度」（研究5，研究6，研究7で使用。項目7は研究6でのみ使用，項目8は研究6，研究7でのみ使用）
1．はっきりしないときでも，ふだん私は最も良いことを期待している
2．何か私にとってうまくいかなくなる可能性があれば，それはきっとそうなるものだ
3．私は自分の将来についていつも楽観的である
4．私はものごとが自分の思い通りにいくとはほとんど思っていない
5．良いことが私に起こるなんてほとんどあてにしていない
6．概して，私は悪いことよりも良いことの方が自分の身に起こると思う
7．いつか悪いことに巻き込まれそうな気がする
8．悪いことが起こっても，いつかは終わると思う

「人生満足感尺度」（研究5で使用）
1．私は自分の人生に満足している
2．私の生活環境は素晴らしいものである

3. 大体において，私の人生は理想に近いものである
4. もう一度人生をやり直すとしても，私には変えたいと思うところはほとんどない
5. これまで私は望んだものは手に入れてきた

「ポジティブ志向尺度」（研究5で使用）
1. 平静な気持ちを，すぐに取り戻すことができると思う
2. 同じような出来事にあった人の中では，今の自分の状態はまだましな方であると思う
3. この出来事から派生して悪いことが起こると思う
4. この出来事に対処することができると思う
5. この出来事にあったことには，悪い面ばかりでなく良い面もあると思う
6. 落ち込んでしまって，何をすることもできないと思う
7. もっと悪い状態になっていたかもしれないので，それと比較すると今の自分の状態はましであると思う
8. 今後は良いこともあると思う
9. 私には，この出来事に対処することを可能にするために力を貸してくれる人がいると思う
10. この出来事にあったからといって，私は自分自身のことを全部否定的には考えない
11. 自分の未来は，同じような出来事にあった他の人の未来よりも良いと思う
12. この出来事を，自分の努力次第で何とかすることができると思う
13. この状況は，時間とともに良くなっていくだろうと思う
14. 私は，この出来事と同じような出来事が今後起こらないようにできると思う

「幸福感尺度」（研究6，研究7で使用。項目2，5，6，8の（ ）内は研究7で用いた項目）
1. 私は自分の人生に満足している
2. 物質面はともかく，精神的には豊かな生活である
  （物質的にはともかく，精神的には豊かな生活である）
3. 私は同性の友人に恵まれている
4. これまで私は望んだものは手に入れてきた
5. 自然に包まれて生きていると感じる
  （自然に包まれて生きている喜びを感じる）
6. 私は男性／女性に生まれてきて良かったと感じる
  （私は，この世に生まれてきて良かったと感じる）
7. もう一度人生をやり直すとしても，私には変えたいと思うところはほとんどない
8. 私は家族とのつながりの中で生きている
  （私は家族とのつながりの中で生きている喜びを感じる）
9. 私の生活環境は素晴らしいものである
10. 私は異性の友人に恵まれている
11. 大体において，私の人生は理想に近いものである

「ポジティブ志向尺度」（研究6で使用）
1. 今よりも，もっと良い方向を目指せると思う
2. もっと悪い状態の人を見ていると，自分もそうなってしまうかもしれないと思う
3. 平静な状態を，すぐに取り戻すことができると思う
4. 同じような出来事にあった人の中では，今の自分の状態は悪い方であると思う
5. もっと悪い状態になっていたかもしれないので，それと比較すると今の自分の状態はましであると思う

6. 同じような出来事にうまく対処している人がいるが、自分はそんなふうにうまく対処できないと思う
7. これ以上良い方向を目指さなくてもよいと思う
8. もっと悪い状態の人と比較すると、今の自分の状態はずっと良いと思う
9. もう元の良い状態に戻すことはできないと思う
10. 同じような出来事にあった人の中では、今の自分の状態はまだましな方であると思う
11. 今の状態より悪くなるのは避けたいと思う
12. 同じような出来事をうまく乗り越えている人がいるから、自分もうまく乗り越えられると思う
13. 現状よりもさらに良くすることができると思う
14. 自分よりひどい状態の人はいないと思い、悲観的になる
15. 元の平穏な状態を維持できると思う
16. 同じような出来事にあった人を見ていると、今の自分にできることはこれが限度だとあきらめる
17. 過去にもっと悪い状態を経験した時のことと比べると、今の自分の状態はまだましだと思う
18. 同じような出来事にうまく対処している人を見ても、自分はそこまでは求めたくないと思う
19. この状況を無理して良くしようとは思わない
20. 同じような出来事にあった人の中には、もっと悪い状態の人がいるので、そこまででなくてよかったと思う
21. 今の状態が悪くなることはあっても、良くなることはないと思う
22. 多くの人が同じような経験をしているから、自分も大丈夫だと思う
23. 今の状態よりも悪くなると最悪だと思って恐れる
24. 同じような出来事をうまく乗り越えた人のように、この出来事に対処したいと思う

「ポジティブ志向尺度」(研究7で使用)
1. 現状よりもさらに良くすることができると思う
2. 同じような出来事にうまく対処している人を見ても、自分はそこまでは求めたくないと思う
3. もっと悪い状態になっていたかもしれないので、それと比較すると今の自分の状態はましであると思う
4. 平穏な状態を、すぐに取り戻すことができると思う
5. 同じような出来事にあった人の中では、今の自分の状態は悪い方であると思う
6. 今よりも、もっと良い方向を目指せると思う
7. この状況を無理して良くしようとは思わない
8. 同じような出来事にあった人の中には、もっと悪い状態の人がいるので、そこまででなくてよかったと思う
9. 平穏な気持ちを保てると思う
10. 今の状態よりも悪くなると最悪だと思って恐れる
11. 同じような出来事をうまく乗り越えている人がいるから、自分もうまく乗り越えられると思う
12. これ以上良い方向を目指さなくてもよいと思う
13. もっと悪い状態の人と比較すると、今の自分の状態はずっと良いと思う
14. 元の平穏な状態を維持できると思う
15. 自分よりひどい状態の人はいないと思い、悲観的になる
16. 過去にもっと悪い状態を経験した時のことと比べると、今の自分の状態はまだましだと思う
17. もっと悪い状態の人を見ていると、自分もそうなってしまうかもしれないと思う
18. 同じような出来事にあった人の中では、今の自分の状態はまだましな方であると思う

初出一覧

本書は,以下の通りに公刊されているものと,未発表のもので構成されている。公刊されたものは,加筆と修正を行っている。共著論文については,共著者から論文使用の許諾を得た。

第1章　本書の目的と理論的背景
→ 橋本京子 (2003). ストレスフルイベントにおけるポジティブ幻想と精神的健康との関係. 京都大学大学院教育学研究科紀要, 49, 327-337.
橋本京子・子安増生 (2012). 楽観性とポジティブ志向が幸福感に及ぼす影響. 心理学評論, 55, 178-190.

第2章　内容および深刻性の異なるストレスフルイベントにおけるポジティブ志向の現れ方の違い（研究1）
→ 橋本京子 (2010). ストレスフルイベントにおけるポジティブな認知のあり方について―ストレスフルイベントの深刻性および内容による差異の検討―. 京都大学大学院教育学研究科紀要, 56, 425-437.

第3章　大学進学動機,ポジティブな自己信念,大学生活で遭遇するストレスフルな状況におけるポジティブ志向の関連（研究2）
→ 子安増生・橋本京子 (2003). 大学進学動機とポジティブな自己信念が大学生活におけるストレス対処に及ぼす影響. 京都大学高等教育研究, 9, 13-22.

第4章　大学生の卒業論文作成時におけるポジティブ志向の現れ方と精神的健康の関連（1）
　　　――提出期限1ヶ月前における検討――（研究3）
→ 橋本京子 (2004). 卒業論文作成時におけるポジティブ幻想の現れ方と精神的健康の関係について. 京都大学大学院教育学研究科紀要, 50, 265-276.

第 5 章　大学生の卒業論文作成時におけるポジティブ志向の現れ方と精神的健康の関連（2）
　　　　──提出期限半年前と 1 ヶ月前の比較──（研究 4 ）
　→　橋本京子（2011）．大学生の卒業論文作成時の自己認知，および卒業論文作成状況に対する認知に関する実証的検討─卒業論文作成によって生じるストレスの側面から─．京都大学大学院教育学研究科紀要，57，489-502．

第 6 章　楽観性，ポジティブ志向および幸福感の関連（ 1 ）（研究 5 ）
　→　橋本京子・子安増生（2011）．楽観性とポジティブ志向および主観的幸福感の関連について．パーソナリティ研究，19，233-244．
　　　橋本京子・子安増生（2012）．楽観性とポジティブ志向が幸福感に及ぼす影響．心理学評論，55，178-190．

第 7 章　楽観性，ポジティブ志向および幸福感の関連（ 2 ）
　　　　──ポジティブ志向の方向性の明細化──（研究 6 ）
　→　Hashimoto, K., & Koyasu, M. (2012). Influences of optimism and positive orientation on students' subjective well-being. *Psychologia*, 55, 45-59.

第 8 章　楽観性，ポジティブ志向および幸福感の関連における抑うつの調整効果（研究 7 ）
　→　橋本京子・子安増生（2014）．楽観性とポジティブ志向および幸福感の関係について（ 3 ）─抑うつの調整効果─．日本心理学会第78回大会発表論文集．75．

第 9 章　総合的考察
　→　未発表

あとがき

　本書は，筆者が京都大学大学院教育学研究科において，2001年から2011年にかけて実施した研究をまとめ，2012年2月に京都大学に提出した博士学位論文「ストレス状況におけるポジティブ志向が精神的健康と幸福感に及ぼす影響」に加筆・修正を加えたものです。本書の刊行に際して，平成26年度京都大学総長裁量経費・若手研究者出版助成事業の助成を受けました。

　個人的なことになりますが，筆者がこのテーマについて関心を持ったきっかけの1つは，親しい友人との死別でした。悲しくてつらくて，あまりに悲しくてどのくらい悲しいか自分でもよくわからないが，ふとした拍子に涙が出てくるし，何もする気が起こらないという状態に陥りました。しかし，しばらく時間が経過した時，「いつまで経っても悲しさやつらさはなくならないだろうけれど，私は友人の死によって落ち込み打ちのめされるだけの存在なのだろうか。私だけでなくほかの人間にもそれはいえるのではないか」という疑問が生じたのです。確かに悲しい経験で二度と経験したくない出来事ではあるけれど，私だけでなくほかの「援助が必要なほどの問題を持たない一般の人々」にも，何かしらのストレスフルイベントに直面し，悲しくつらく打ちひしがれるようになることは人生のうちに何度かはあるでしょう。それがあまりにも大きな出来事であった場合，悲しさ，つらさはいつまでも残ることもあるでしょう。しかし，ただ「悲しい。つらい」「悲しかった。つらかった」だけで終わるのだろうか，人間はたとえ悲しさやつらさを抱えていても，心の中のポジティブな精神機能が働き，幸福に向かうことのできる存在であるのではないか…このような思いから，人間の精神機能の持つプラスの面について研究したいという気持ちが生じました。そのような時に出会ったのが，Taylor & Brown（1988, 1994）のポジティブ幻想についての理論や，Seligman（1998）の提唱したポジティブ心理学の動きであったのです。

　本書に収録された研究を遂行してまとめるにあたり，多くの方からご支援と

ご指導を賜りました。ここに記して深く感謝申し上げます。

筆者の指導教官である京都大学大学院教育学研究科教授 子安増生先生には，筆者が京都大学教育学部教育心理学科卒業後，京都大学大学院教育学研究科修士課程，博士後期課程を経て今日に至るまで，終始暖かい激励と丁寧なご指導，ご鞭撻を賜りました。調査の進め方から学会発表，論文の執筆に至るまで，丁寧なご指導を賜り，筆者の研究者としての基礎をつくってくださいました。また，筆者の研究が長期にわたって停滞してしまい，焦りの気持ちでいっぱいであった時期にも，「あせらず，あわてず，あきらめず」とのお言葉とともに，常に暖かく見守ってくださいました。先生が筆者のポジティブ志向を育み，良い方向に導いてくださったからこそ，本書をまとめることができたのだと思っております。これまでのご指導に，心より御礼申し上げます。

京都大学大学院教育学研究科教授 Emmanuel Manalo先生には，共同研究を通じて，研究に対する視野を広げる機会をいただきました。厚く御礼を申し上げます。なお，本書第3章（研究2）は，Emmanuel Manalo先生，子安増生先生との共同研究プロジェクトの一環として行った研究で収集したデータのうち，共同研究には使用しない部分をまとめたものです。

京都大学大学院教育学研究科教授 吉川左紀子先生，楠見 孝先生，准教授 齊藤 智先生，野村理朗先生には，授業を通じて，本研究に関わる数多くのコメントをいただきました。楠見先生には，統計分析に関するご指導もいただきました。深く感謝申し上げます。

大阪大学大学院基礎工学研究科 狩野 裕先生には，多変量解析，特に研究7（第8章）で用いた多母集団同時分析に関するご指導をいただきました。深く感謝申し上げます。

京都大学こころの未来研究センター准教授 内田由紀子先生には，人生満足感尺度（the Satisfaction With Life Scale）の日本語版を提供していただき，また本研究の中心テーマの1つである幸福感について様々なご指導をいただきました。心より御礼を申し上げます。

上田紋佳氏（日本心理学諸学会連合検定局）には，抑うつについて，当該分野の研究をご教示いただきました。心より感謝申し上げます。

また，京都大学大学院教育学研究科教育認知心理学講座の先輩，同期，後輩

の皆様にも，様々な援助やご示唆をいただきました。杉浦 健先生（近畿大学），田中久美子先生（大谷大学），中間玲子先生（兵庫教育大学）には，筆者がこの研究テーマに関心を抱くきっかけをつくっていただくとともに，多くのご指導をいただきました。西尾 新先生（甲南女子大学），金田茂裕先生（関西学院大学）は，研究の進め方に迷った時に親身に相談にのってくださいました。山縣宏美氏（西日本工業大学），福田みのり氏（至誠館大学），鈴木亜由美氏（広島修道大学），平山るみ氏（大阪音楽大学短期大学部）は，ネガティブな姿勢になりがちな筆者を常に支えてくれるとともに，研究を遂行するうえでの些細な疑問や相談にも親身にこたえてくれました。山縣宏美氏，龍輪飛鳥氏，野村光江氏（関西看護医療大学）には本研究の一部においてデータ収集にご協力いただきました。井関龍太氏（理化学研究所 理研BSI－トヨタ連携センター）には，多変量解析を主とする統計分析に関するアドバイスをいただきました。西 智美氏には，本研究のデータ分析の一部にご協力いただきました。その他，お1人お1人のお名前を挙げることができないことを心苦しく思いますが，良き先輩，同期，後輩とともに研究生活を送ることができたことは，筆者のかけがえのない財産であると思っております。誠にありがとうございました。

　本書の第4章の研究3は，2002年度教育認知心理学研究（院ゼミ）の授業において行われたものです。研究3を実施するにあたっては，2002年度京都大学教育学部4回生の森本裕子氏（現 総合研究大学院大学），3回生の上野彩也子氏，尾崎夕美帆氏，渡邊真代氏に協力をいただきました。深く感謝申し上げます。

　また，第5章の研究4の実施にあたっては，木原 健氏（鹿児島大学），森口佑介氏（上越教育大学），浅田晃佑氏（東京大学）にご協力いただきました。心より感謝申し上げます。

　そのほか，研究を進めるにあたり，ご支援，ご協力をいただきながら，ここにお名前を記すことができなかった多くの方々にも心より感謝申し上げます。

　なお，本書の研究の一部は，京都大学21世紀COEプログラム"心の働きの総合的研究教育拠点"，および京都大学グローバルCOEプログラム"心が活きる教育のための国際的拠点"の助成を受けました。あわせてお礼申し上げます。

　そして何よりも，調査に参加いただいた大学生，大学院生の皆様に心から感

謝いたします。皆様のご協力なくしては，本研究は成立することはありませんでした。

　本書の出版に際しては，ナカニシヤ出版の山本あかね氏に大変お世話になりました。深謝いたしております。

　最後に，これまでの長い研究生活を暖かく見守り支援してくれた父 橋本正昭，母 啓子，妹 和実，麻里子に，そして，そのポジティブな姿勢で筆者を常に励まし支えてくれる夫 鈴村敏規と，幸福に満ちた笑顔でいつも私を励ましてくれる息子 海斗に深く感謝いたします。

　ここに重ねて厚く謝意を表し，謝辞といたします。

橋本　京子

事項索引

か
幸福感　17, 94
　　獲得的な——　110, 115
　コントロール可能性　29

さ
自己信念　44
　　ポジティブな——　48
自己認知　63
　　積極的自己　66
　　楽観的自己　66
状況の性質　9
　　重要性　62
人生満足感　17, 94
心理学的ストレスモデル　11
ストレス　10
ストレスフルイベント　10, 13
　　学業・職業・進路に関する——　38, 54, 153
　　——の深刻性　15, 25
　　——の内容　15, 25
ストレッサーに対する認知的評価　12
　　一次的評価　12

二次的評価　12
生活出来事型ストレス研究　10
精神的健康　2
　　——を表す4つの基準　7
　　幸福で，満足していられる能力　7
　　ストレスフルイベントに直面して，成長・発展・自己実現を成し遂げる能力　7
　　創造的，生産的な仕事をする能力　7
　　他者に配慮し，他者とよい関係を築く能力　7
卒業論文　60
　　——に対する認知　65
　　——に対するネガティブな認知　68
　　——に対するポジティブな認知　68

た
大学進学動機　42
　　周囲の勧め　47

能力の向上　47
非学業的な進学動機　53, 54
モラトリアム　47
動機づけ　9

は
パーソナリティ　9
比較により生じるポジティブな認知　29
ポジティブ幻想　4
ポジティブ志向　6
　　下方比較　108, 114
　　下方比較（ネガティブ）　120
　　下方比較（ポジティブ）　120
　　現状維持　120
　　上方志向　106
　　平静維持　106
ポジティブ心理学　2

や
抑うつ　63, 130

ら
楽観性　95

人名索引

A
Abbott, R. A.　96
Abramson, L. Y.　4, 8, 18
Affleck, G.　96
Ahrens, A. H.　18
赤井誠生　9
Alamuddin, R.　96
Alicke, M. D.　4
Alloy, L. B.　4, 8, 18
安藤明人　44
荒井まゆみ　99, 109
Argyle, M.　17
Armor, D. A.　8, 9, 13, 24, 61, 99, 115, 133, 162
Aspinwall, L. G.　6, 13, 25, 65, 96, 162
Ayyash-Abdo, H.　96

B
Baer, P. E.　96
Baker, F.　96
Barton, R.　5
Beck, A. T.　18, 143, 160
Beer, J. S.　16, 25
Ben-Zur, H.　97
Block, J.　162
Bower, J. E.　15, 160
Boyd-Wilson, B. M.　16
Brewin, C. R.　27
Bridges, M. W.　96, 115, 132
Brissette, I.　97
Brown, J. D.　ii, 4-9, 13, 18, 24, 26, 27, 36, 46, 63, 95, 98-100, 102, 108, 116, 127, 144, 154, 157, 158, 161, 181
Burns, D. D.　131, 144

C
Cantril, H.　5
Carballeira, M.　130
Carver, C. S.　95-97, 99, 115, 125, 127, 132, 155
Chang, E. C.　96
Chaplin, W.　5
Clark, K. C.　96
Clark, L. A.　17
Collins, R. L.　6, 162
Colvin, C. R.　162
Cronbach, L. J.　103, 104, 106, 118, 120
Curbow, B.　96
Cutrona, C. E.　7

D
D'Zurilla, T. J.　96
Danoff-Burg, S.　109
Dember, W. N.　96
Derry, P. A.　18
Diener, E.　17, 94, 99, 102, 103, 115, 117, 125, 127, 132, 155, 161
Dworkin, R. J.　96

E
Emmons, R. A.　17, 102, 115, 132

F
Felson, R. B.　7
Fitzgerald, T. E.　96
Folkman, S.　11-13, 24, 36, 37, 61
Freedman, J.　17, 18
Friedman, L. C.　96
Frost, R. O.　131, 144
渕上克義　42
藤原善悦　65, 79
福田一彦　65, 69, 80, 132, 135
Funder, D. C.　162

G
Gallagher Tuleya, L.　2
Gibbons, E. X.　18
Goldberg, D. P.　160
Green, D. E.　16
Greenwald, A. G.　62, 72
Griffin, S.　17, 102, 115, 132
Gruenewald, T. L.　15, 160

H
原野広太郎　65, 79
Harris, S. D.　96
Herbert, M.　6, 25, 65
Hillier, V. F.　160
Holmes, T. H.　10, 26
堀毛一也　2
堀　洋道　65, 79
Howe, S. R.　96
Huggins, M. E.　109

Hummer, M. K.　96

I
石井留美　94

J
Jahoda, M.　3, 7, 98
Johnson, D. T.　130
Jourard, S. M.　7, 98

K
神村栄一　9
Kemeny, M. E.　6, 13, 15, 25, 65, 160
Ketcham, A. S.　96
Keyes, C. L. M.　115
Kitayama, S.　102, 117, 132
小林重雄　65, 69, 80, 132, 135
小杉正太郎　10
Kuiper, N. A.　18
桑原知子　65, 79

L
Lahart, C.　131
Landsman, T.　7, 98
Lane, M.　96
Langer, E. J.　5
Larsen, R. J.　17, 102, 115, 132
Lazarus, R. S.　11-13, 24, 36, 37, 61
Lefebvre, R. C.　96
Legro, M. W.　96
Lester, D.　143, 160
Lewinson, P. M.　5
Lichtman, R. R.　6, 25, 65, 80
Lopez, S. J.　2
Lucas, R. E.　17, 94, 125, 155

M
MacFarland, C.　18
Magovern, Sr., G. J.　96
Manis, M.　162
Marrero, R. J.　130
Marten, P. A.　131
Martin, S. H.　96
Matthews, K. A.　96
Maydeu-Olivares, A.　96
Mayman, M.　162
McClure, J.　16
Melton, R. S.　96
Mesquita, B.　102, 117, 132
Mischel, W.　5
Moffat, F. L., Jr　96
Morling, B.　102, 117, 132
Myers, L. B.　27, 94

N
長島貞夫　65, 79
根建由美子　94
Nelson, D. V.　96
Noriega, V.　96

O
Oishi, S.　104
岡安孝弘　10
大石繁宏　94
大野　裕　130, 131
Owens, J. F.　96

P
Pearson, K.　34, 36, 51, 52, 70, 71, 82-84
Pozo, C.　96
Pransky, G. S.　96

R
Rahe, R. H.　10, 26
Reed, G. M.　13, 15, 25, 160
Reyes, J. A. S.　102, 117, 132
Robins, R. W.　16, 25
Robinson, D. S.　96
Rodriguez, R.　6, 25, 65
Rosenblate, R.　131
Ross, M.　18
Ryff, C. D.　115

S
斎藤耕二　65, 79
坂本真士　96, 101, 103, 117, 118, 130, 132
坂野雄二　13, 24, 61, 95
桜井茂男　63
佐藤徳　16, 27, 162
Scheier, M. F.　95-97, 99, 101, 102, 115, 117, 125, 127, 132, 155
Schneider, S. G.　6, 25, 65
Segerstrom, S. C.　96, 97, 99, 101, 109, 125, 126
Seligman, M. E. P.　i, 2, 95, 144, 159
Shedler, J.　162
島井哲志　2, 95
下山晴彦　43
白井利明　60, 61, 76
Singer, B.　115
Skokan, L. A.　6, 162
Smith, F. E.　96
Smith, H. L.　17, 94, 125, 155
Snyder, C. R.　2
Solberg Nes, L.　97, 101,

126
Somerfield, M. R.   96
染矢俊幸   131
園田明人   95
Spielberger, C. D.   130
Stanton, A. L.   109
Suh, E. M.   17, 94, 125, 155

T
高橋一郎   60, 61, 76
高橋三郎   131, 143
田中江里子   96, 101, 103, 117, 118, 132
田上不二夫   94
Taylor, S. E.   ii, 4 - 9, 13-16, 18, 24, 25, 27, 36, 39, 46, 61, 62, 65, 72, 73, 80, 95, 96, 98-100, 102, 108, 114-116, 127, 133, 144, 154, 157, 158, 160-162, 181
Tellegen, A.   17
Tennen, H.   96
鉄島清毅   43
栩木信明   60, 61
戸ヶ崎泰子   95
外山美樹   63
藤南佳代   95
豊田秀樹   138, 140
Trexler, L.   143, 160
Tukey, J. W.   31, 135

U
Uchida, Y.   102, 117, 132

W
Walkey, F. H.   16
Walters, P. A. J   43
Watson, D.   17
Weinstein, N. D.   5 , 26, 162
Weissman, A.   143, 160
Wingard, J. R.   96
Wood, J. V.   6 , 25, 65, 80

Y
安田朝子   16, 27, 162

Z
Zung, W. W. K.   65, 80, 132

著者紹介
橋本京子(はしもと・きょうこ)
2011年京都大学大学院教育学研究科博士後期課程教育科学専攻単位取得後退学。
博士（教育学）。
京都光華女子大学，大阪千代田短期大学，羽衣国際大学，大谷大学，非常勤講師を経て，2015年4月1日より京都学園大学健康医療学部嘱託講師着任予定。
主著に，「楽観性とポジティブ志向が幸福感に及ぼす影響」（共著，心理学評論，55，178-190），「楽観性とポジティブ志向および主観的幸福感の関連について」（共著，パーソナリティ研究，19，233-244）など。

ポジティブ志向と幸福感の心理学

2015年3月30日　初版第1刷発行　（定価はカヴァーに表示してあります）

著　者　橋本　京子
発行者　中西　健夫
発行所　株式会社ナカニシヤ出版
〒606-8161　京都市左京区一乗寺木ノ本町15番地
Telephone　075-723-0111
Facsimile　075-723-0095
Website　http://www.nakanishiya.co.jp/
Email　iihon-ippai@nakanishiya.co.jp
郵便振替　01030-0-13128

装幀＝白沢　正／印刷・製本＝西濃印刷㈱
Printed in Japan.
Copyright © 2015 by K. Hashimoto
ISBN978-4-7795-0941-4

本書のコピー，スキャン，デジタル化等の無断複製は著作権法上での例外を除き禁じられています。本書を代行業者等の第三者に依頼してスキャンやデジタル化することはたとえ個人や家庭内の利用であっても著作権法上認められておりません。